Gisela Preuschoff, Von 9 bis 12

Gisela Preuschoff

Von 9 bis 12
Nicht mehr klein und doch nicht groß

Mit Karikaturen von
Nikolai Preuschoff

PapyRossa Verlag

©1996 by PapyRossa Verlags GmbH & Co. KG, Köln
Alle Rechte vorbehalten
Umschlag: Willi Hölzel, Köln unter Verwendung einer Karikatur von
André Poloczek
Satz: dtp-Studio Volker Hirsekorn, Königswinter
Druck: Interpress

Die Deutsche Bibliothek - CIP-Einheitsaufnahme
Preuschoff, Gisela:
Von 9 bis 12 : nicht mehr klein und noch nicht gross / Gisela Preuschoff.
Mit Karikaturen von Nikolai Preuschoff. - Köln : PapyRosssa-Verl., 1996
ISBN 3-89438-114-0

Inhalt

Vorwort 7

Kindheit heute 11

Sieben Porträts von Zehnjährigen 17

*Die Mitte der Kindheit oder
die sogenannten Lücke-Kinder* 25

*Die unterschiedliche Entwicklung
von Jungen und Mädchen* 32
  Die erste Menstruation 33
  Kann ich mein Kind vor sexuellem
  Mißbrauch schützen? 37
  Erste Liebe schon mit 12? 39
  Jungen brauchen einen Vater 41

Schulprobleme 45
  Neue Schul-Entscheidungs-Qual 45
  Immer Ärger mit den Hausaufgaben? 52
  Schlechte Leistung - schlechte Lehrer? 57
  Hilfe, mein Kind ist verhaltensauffällig! 61

*Den eigenen Weg finden:
Hobbys, Interessen, Leidenschaften* 67

Leselust und Schmökerstunden 71
  Zeitschriften und Comics 74

Sich für eine gute Sache engagieren	75
Allein verreisen	77
Mit neun an den Computer?	80
Fernsehen	85
Chaos im Kinderzimmer oder der ewige Kampf ums Aufräumen	88
Konflikte lösen, aber wie?	93
Wenn Eltern sich trennen	107
Bewegung und Entspannung	113
Phantasiereisen (Ermutigung; Antworten finden; Innere Klarheit)	117
Ernährung und Erziehung	123
Von A - Z: Schlagwörter	128
Geschenke für Neun- bis Zwölfjährige	147
Bücher für Neun- bis Zwölfjährige	151
Adressen	154
Literaturhinweise	156

Vorwort

Jedes Alter hat seine Besonderheiten und sensiblen Punkte. Die Phase von 9 bis 12 wird von vielen Eltern als unkompliziert empfunden. Dennoch tut es gut, sich mit anderen auszutauschen, um festzustellen, daß es ähnliche Probleme, ähnliche Ideen und Lösungen gibt.

Früher glaubte ich zu wissen, was andere falsch machen.

Heute ist mein Anliegen, Menschen zu vermitteln, was sie gut und richtig machen und ihnen zu bestätigen, daß sie vollkommen in Ordnung sind.

Eltern tun immer ihr Bestes. Daß es trotzdem so viele Probleme gibt, liegt daran, daß wir immer wieder Schwierigkeiten haben, uns selbst und anderen das zu geben, was wir und sie so notwendig brauchen: Nämlich Liebe und Anerkennung.

Die Sichtweisen, die Sie in diesem Buch begleiten, sind einfach und klar:

1. Jeder Mensch sehnt sich nach Liebe und Anerkennung. Je mehr er davon bekommt, desto besser wird er alle Probleme des Lebens meistern. Liebe und Anerkennung drücken sich jedoch nicht in Geschenken, Taschengeld oder anderen materiellen Gütern aus, sondern in unserem konkreten Verhalten, in der Übereinstimmung von Gefühlen, Worten und Taten.

2. Selbstvertrauen, das auf Liebe und Anerkennung basiert, ist der beste Schutz gegen Schwierigkeiten vie-

lerlei Art. Je mehr wir unseren Kindern dazu verhelfen, sich selbst zu lieben und zu trauen, desto weniger laufen sie Gefahr, zu Tätern oder zu Opfern zu werden.

3. Viele Probleme lassen sich dadurch lösen, daß wir uns mit ihnen beschäftigen und positive Energie in ihre Lösung investieren. Es gibt aber auch Probleme, die wir nur lösen können, wenn wir loslassen. Die Kunst, im richtigen Augenblick loszulassen, hilft uns im Alltag genauso wie bei den zentralen Menschheitsfragen nach Leben und Tod.

Festhalten und Loslassen sind Pole, die uns im Zusammenleben mit Kindern von deren Zeugung bis zum Tod begleiten. Im Alter bis neun haben wir bereits unzählige Situationen erlebt, in denen wir zwischen Festhalten und Loslassen wählen mußten. Man denke nur an Meilensteine wie Eintritt in den Kindergarten und in die Schule, die erste Klassenfahrt oder das erste Übernachten bei Freunden. Wie oft brauchen Kinder unsere Geborgenheit und Sicherheit, auch im Festlegen von Grenzen und Regeln, und wie oft müssen wir akzeptieren, daß sie eigene Wege gehen, die wir nicht beeinflussen dürfen. Wenn unsere Kinder im Alter von neun bis zwölf sind, werden wir vor neue Probleme gestellt. Dies ist eine Zeit des Übergangs, in der wir bemerken können, wie sehr unser Kind noch klammert oder wie wenig es uns noch braucht.

Mit zwölf Jahren ist der Abschied von der Kindheit schon eingeleitet und bei jedem Abschied schwingen Wehmut, aber auch Neugier und Freude, Lust auf Neues mit.

Leben heißt Veränderung und zumindest die Mütter

und Väter von Mädchen werden in der Phase von neun bis zwölf Veränderung besonders deutlich spüren.

In seinem Gedicht „Stufen" hat Hermann Hesse diesen Wandel besonders einfühlsam beschrieben und uns eine Lösung aufgezeigt, die uns nicht nur im Umgang mit Kindern helfen kann.

Stufen

Wie jede Blüte welkt und jede Jugend
Dem Alter weicht, blüht jede Lebensstufe,
Blüht jede Weisheit auch und jede Tugend
Zu ihrer Zeit und darf nicht ewig dauern.
Es muß das Herz bei jedem Lebensrufe
Bereit zum Abschied sein und Neubeginne,
Um sich in Tapferkeit und ohne Trauern
In andre, neue Bindungen zu geben,
Und jedem Anfang wohnt ein Zauber inne,
Der uns beschützt und der uns hilft zu leben.

Wir sollen heiter Raum um Raum durchschreiten,
An keinem wie an einer Heimat hängen,
Der Weltgeist will nicht fesseln uns und engen,
Er will uns Stuf' um Stufe heben, weiten.
Kaum sind wir heimisch einem Lebenskreise
Und traulich eingewohnt, so droht Erschlaffen,
Nur wer bereit zu Aufbruch ist und Reise,
Mag lähmender Gewöhnung sich entraffen.
Es wird vielleicht auch noch die Todesstunde
Uns neuen Räumen jung entgegensenden,
Des Lebens Ruf an uns wird niemals enden...
Wohlan denn, Herz, nimm Abschied und gesunde!

Daß auch Sie den Zauber der Veränderung entdecken und akzeptieren, wünsche ich Ihnen von Herzen!

Gisela Preuschoff

Kindheit heute

Unsere Kinder wachsen unter Bedingungen auf, die wir zwar beeinflussen, aber nicht kurzfristig ändern können. Einerseits ist Kindheit heute geprägt von einem materiellen Reichtum in nie gekanntem Ausmaß: Süßigkeiten, elektronische Medien und Spielzeug gibt es in einem Übermaß wie nie zuvor. Gleichzeitig treten jedoch soziale Unsicherheit, Wohnungsnot, Armut, Umweltzerstörung, Krieg und kaputte Familien immer deutlicher in das Bewußtsein der Kinder. „Viele Kinder müssen heute ohne jene psychische und soziale Schutzschicht auskommen, die Eltern und Gesellschaft heranwachsenden früheren Generationen wie selbstverständlich bereitstellten. Einen Schonraum für ihre Entwicklung kennen die Kinder der 90er Jahre nicht. Ohne Filter sind sie den sozialen, politischen, wirtschaftlichen und auch ökologischen Umwälzungen ausgesetzt, müssen sie genauso aufnehmen und verarbeiten wie die Erwachsenen." (Hurrelmann: „Die alten Kinder", Psychologie Heute, 10/94, S. 72).

Während Neil Postman schon in den 60er Jahren das Verschwinden der Kindheit in den USA vorhersagte, kann Klaus Hurrelmann, einer der bekanntesten deutschen Jugendforscher von heute, diese Entwicklung auch für Kinder in der Bundesrepublik bestätigen - Kinder als kleine Erwachsene, mit Terminkalender, Leistungsdruck und den Krankheiten der Erwachsenen: Erschöpfungszustände, Nervosität, Unruhe, Erkrankungen der Atemwege und des Verdaungstrakts sowie Allergien und andere chronische Beschwerden.

Kinder und Jugendliche sind außerdem die einzige Bevölkerungsgruppe, deren Gesundheitszustand sich in den letzten zwanzig Jahren dramatisch verschlechtert hat.

Ihr gesamtes Immunsystem scheint überfordert, fehlerhafte Ernährung, strapazierter Tagesrhythmus und ein völlig unzureichendes Gesundheitsverhalten bestimmen den Alltag vieler Kinder heute.

Zwei Prozent der von Hurrelmann befragten Jugendlichen gaben an, schon vor dem 10. Lebensjahr regelmäßig Alkohol und Zigaretten zu konsumieren. Im Alter von 10 und 11 wächst der Anteil der Alkohol- und Nikotinkonsumenten auf sieben Prozent, später sogar auf das Doppelte und Dreifache. Das gleiche gilt für den Konsum von Arzneimitteln und Medikamenten. Schon im Grundschulalter greifen Kinder regelmäßig in den Arzneimittelschrank der Familie, Schmerz- und Grippemittel, Anregungs- und Beruhigungsmittel gehören für ein Drittel aller Kinder zum Alltag.

Während Mädchen überwiegend psychosomatisch auf Umweltbelastungen reagieren und unter Kopfschmerzen, Schlafstörungen, Rückenschmerzen und Nervosität leiden, machen Jungen die Konflikte mit sich selbst und anderen ab. Sie werden viel schneller aggressiv, tragen Konflikte aus sich heraus und an andere heran oder greifen zum Alkohol, um ihre Probleme auf Kosten der eigenen Gesundheit zu verarbeiten.

Kindheit ist heute auch einsame Kindheit. Die Familien sind kleiner und störanfälliger geworden. Ein Drittel der Kinder hat keine Geschwister, rund 12% aller Kinder wachsen bei uns mit nur einem Elternteil auf.

Auch Kontakte zu Verwandten wie Großeltern, Onkel und Tante werden seltener und erschweren die Ablösung von der Herkunftsfamilie. So sind Einzelkinder mehr denn je auf den Kontakt mit Gleichaltrigen angewiesen, um soziales Verhalten entwickeln und sich von den Eltern ablösen zu können.

Ein besonderer Einsamkeitsaspekt, der insbesondere Jungen belastet und verstört, ist die Abwesenheit der Väter. Jungen werden von Frauen erzogen - zu Hause, im Kindergarten und in der Grundschule. Es fehlt der reife erwachsene männliche Mensch als Vorbild und

Identifikationsfigur. Stattdessen gibt es Männer als Zigarettenreklame und Fernsehhelden. Abwesende Väter und überlastete Mütter - das ist bis heute noch immer das Hauptmuster für Kindheit in Deutschland (vgl. z.B.: Gottfried Mergner, Mütter erziehen Söhne. Der Verlust der 'Männlichkeit', in: Alexander Diekmann u.a., Gewohnheitstäter. Männer und Gewalt, Köln 1994).

Zu dieser Einsamkeit gesellt sich Orientierungslosigkeit auf vielen Ebenen. Sind schon die Grenzen zwischen Kindheit und Erwachsenenalter fließend geworden, so sind es erst recht die Werte und Normen. „So kommt es, daß ein Kind von zehn Jahren sich heute als Jugendlicher fühlen und definieren, ein Jugendlicher von sechzehn Jahren sich als Erwachsener empfinden, umgekehrt aber auch ein Erwachsener von dreißig Jahren sich auf der Stufe eines Fünfzehnjährigen fühlen und befinden kann." (Hurrelmann a.a.O. S. 76)

Es gibt keine eindeutige Festlegung mehr von gut und böse, keine Klarheit über Fragen, keine Antwort darauf, was wirklich wichtig im Leben ist.

Angesichts der Tatsache, daß über 7o% der Kinder und Jugendlichen Angst vor der Umweltzerstörung haben und eine finale Katastrophe vorhersehen, breitet sich bei vielen ein Gefühl der Sinnlosigkeit aus. Auch wer sich nach außen „cool", zynisch oder aggressiv gibt, kann von tiefer Lebensangst und Entwurzelung geprägt sein.

Natürlich werden von diesen Entwicklungen nicht alle Kinder in gleichem Ausmaß betroffen. Typisch für Kindheit heute ist jedoch eine ungeheure Breite von sozialen Erscheinungsformen, wobei sich die Schere zwischen arm und reich immer weiter öffnet. Wir ha-

ben auch in der Bundesrepublik Tausende von Straßenkindern, die ohne ihre Eltern und ohne jede finanzielle und soziale Unterstützung zwischen Hochhäusern und Brücken ihr Leben fristen. „Wir haben es mit Hunderttausenden von Kindern zu tun, die in Armut leben und in Obdachlosenvierteln hausen müssen. Daneben gibt es immer mehr Kinder, denen von ihren Eltern ein Dreizimmerappartement mit eigenem Bad und mit Fernseh- und Videoanlage vom Feinsten geboten wird." (Hurrelmann a.a.O.S.77)

Während das arme Kind in den Zigaretten- und Drogenkonsum getrieben wird, kompensiert das reiche Kind seine Probleme möglicherweise durch psychosomatische Störungen und Lese-Rechtschreib-Schwäche.

Auch dann, wenn dies alles auf Ihre Familie in keiner Weise zutrifft, wird doch deutlich, daß diese Fakten das

Leben aller Kinder beeinflussen: Sei es, daß sie Opfer von Gewalt seitens Altersgleicher werden, an der Umweltzerstörung leiden oder psychosomatische Störungen bekommen, die das Familienleben belasten.

Um die unterschiedlichen Lebensbedingungen heutiger Kinder aufzuzeigen und zu verdeutlichen, möchte ich anschließend sieben zehnjährige Kinder porträtieren, die mir alle persönlich bekannt sind. Die Namen habe ich natürlich geändert.

Sieben Porträts von Zehnjährigen

Jens

ist der älteste von drei Söhnen, ein kluger Junge mit intelligenten, lebhaften Augen. Er wohnt mit seinen Eltern in einer Vier-Zimmer-Wohnung in einer Kleinstadt. Jens steckt voller Fragen, die er Erwachsenen gern stellt, spielt Fußball im Verein und Gitarre. Der Gitarrenunterricht wird von der örtlichen Musikschule erteilt.

In der Schule hat Jens öfter Schwierigkeiten, weil er nicht stillsitzen mag, in die Klasse ruft, anstatt sich zu melden, und auch häufig etwas vergißt. Gern spielt er sich als Klassenkasper auf und hin und wieder gerät er in eine Prügelei mit Jungen aus seiner Klasse. Dabei geht es immer um Banalitäten wie z.B. „Ausdrücke" oder „blöde Bemerkungen". Seine Mutter klagt über seine mangelnde Motivation bei den Hausaufgaben, er träumt gern und mag sich nicht konzentrieren. Seine Eltern legen großen Wert auf seine Schulleistungen, die auch recht ordentlich sind. „Eigentlich kann er viel mehr!" denkt seine Mutter immer wieder.

Nachmittags baut Jens am liebsten mit Lego-Technik und wagt sich auch an schwierige Modelle. Weil er kein eigenes Zimmer hat, gibt es viel Streit mit seinen jüngeren Brüdern, die sich häufig über ihn beklagen. Seine Mutter findet, er sei aggressiv. Jens darf nur wenige ausgewählte Sendungen im Fernsehen anschauen.

Seine Hobbys lassen ihm ohnehin nicht viel Zeit. Er

ist sehr selbständig und fährt mit dem Fahrrad oder mit öffentlichen Verkehrsmitteln zur Schule, zum Fußball und zum Gitarrenunterricht.

Dreimal in der Woche kommt Jens vor seiner Mutter nach Hause und schließt sich die Wohnung selber auf, denn er will nicht mehr in den Schülerladen, in dem seine jüngeren Brüder noch sind. Seine Mutter ist halbtags im Krankenhaus angestellt, sein Vater hat vor kurzem eine anspruchsvolle Stelle in einem Architekturbüro übernommen und kommt abends selten vor 2o Uhr nach Hause, oft genervt. Seine Söhne sieht er praktisch nur am Wochenende, an dem er dann auch gern etwas mit ihnen unternimmt.

Jens Eltern sind noch sehr jung. Die drei Geburten im Abstand von je zwei Jahren haben sie an die Grenzen ihrer Belastbarkeit gebracht. Dazu kommt die beengte Wohnsituation. Die Mutter hat ehrgeizige Pläne für ihre Kinder und ist enttäuscht, daß Jens Probleme in der Schule hat. Gern schiebt sie die Schuld für das Dilemma seinem Vater in die Schuhe: Er müßte sich mehr um die Kinder kümmern. Der Vater rechtfertigt sich damit, daß die Familie schließlich bauen will und er Geld verdienen muß. Außerdem steht er gerade am Beginn seiner Karriere.

Nesrat

lebt mit ihrer Mutter und ihrer vier Jahre älteren Schwester allein in einer Zweizimmerwohnung in einer großen Stadt. Ihre Großeltern sind vor fünfundzwanzig Jahren aus der Türkei eingewandert. Nesrats Mutter ist geschieden und hat einen deutschen Freund, mit dem sie jedoch nicht zusammenlebt. Meistens trifft sie ihn am Wochenende. Nesrat ist schön und hat ruhige, intelligente Augen. Weil sie meist freundlich und gut gelaunt ist, mögen viele Kinder sie sehr gern. Außerdem ist sie eine sehr gute Schülerin. Ihre Hausaufgaben macht sie gern und ausführlich im Schülerhort. Da Nesrat kaum Spielsachen hat und in ihrem Alter auch nicht mehr so oft auf der Straße spielt, sieht sie viel fern, wenn sie aus dem Hort nach Hause kommt. Zweimal die Woche kann sie jedoch nachmittags die Tanz- und Koch -AG ihrer Schule wahrnehmen. Musik und Tanzen sind ihre Hobbys.

Mindestens drei Jungen aus Nesrats Klasse sind in sie verliebt. Sie selber schwärmt für die Kellys und würde sich nie mit einem Jungen aus ihrer Klasse treffen.

Am Wochenende macht Nesrat Ausflüge mit ihrer Mutter und deren Freund oder sie besuchen andere, meist türkische Familien. In den Urlaub kann Nesrats Mutter nicht fahren, allerdings besuchen sie ab und zu Verwandte in der Türkei.

Obwohl die finanziellen Verhältnisse der kleinen Familie sehr bescheiden sind, fühlen sich alle drei sehr wohl und in Deutschland zu Hause.

Corinna

ist dünn und untergewichtig, niemand würde sie für zehn halten. Auch ihre geistige Entwicklung ist nicht die einer Zehnjährigen. Nachdem Corinna schon die dritte Klasse wiederholt hat, soll sie jetzt auf die Sonderschule. Das hierfür erforderliche psychologische Gutachten wird gerade erstellt.

Corinnas Mutter ist Alkoholikerin und lebt in einer Mietwohnung am Stadtrand. Das Jugendamt hat sie schon des öfteren besucht und immer wieder droht eine Einweisung von Corinna in ein Kinderheim. Corinnas Mutter lebt von Sozialhilfe und versucht immer wieder, zusätzlich eine Putzstelle zu finden.

Der Fernseher ist Corinnas täglicher Begleiter, denn die Kinder mögen sie nicht, weil sie „stinkt" und „doof" ist. Corinna benutzt viele „Ausdrücke" und ist deshalb auch bei ihren Lehrerinnen „unten durch". Obwohl sie gern auf Menschen zugeht und sich nach Gesellschaft sehnt, wird sie immer wieder abgelehnt.

Corinna kann allein einkaufen gehen und wird oft Bierholen geschickt. Sie macht sich auch ihr Essen selber und deckt ihre Mutter zu, wenn sie vorm Fernseher eingeschlafen ist. Corinna war noch nie verreist - bis auf einmal, als sie auf Klassenfahrt war.

Ihren Vater kennt Corinna nicht, ihre Oma ist tot und mit ihren Geschwistern ist ihre Mutter gründlich verkracht. Corinna raucht gelegentlich und nippt auch mal am Bier, wenn es sonst nichts zu trinken gibt.

Marco

ist Einzelkind und lebt mit seinen Eltern auf dem Land in der Nähe einer norddeutschen Kleinstadt. Seine Mutter ist Sozialpädagogin, sein Vater freiberuflicher Journalist. Morgens wird Marco von seiner Mutter im

Auto zur Schule gefahren, zurückkommt er mit dem Schulbus. Marcos Mutter arbeitet in einer Beratungsstelle für Aussiedler.

Nach der Grundschule wird Marco ganz sicher das Gymnasium besuchen, denn lernen fällt ihm leicht. Obwohl er ein eigenwilliger Charakter ist, sich sehr gut ausdrücken kann und im ersten Schuljahr mehr unter dem Tisch gelegen als auf dem Stuhl gesessen hat, hat er keinerlei Schulprobleme und erledigt auch seine Hausaufgaben selbständig und problemlos. Seine Eltern führen das auf seine überaus verständnisvolle Lehrerin zurück.

Marco hat Klavierunterricht und spielt Tennis. Sein Vater nimmt sich viel Zeit für ihn und begleitet ihn fast zu jeder sportlichen Aktivität. Er ist sehr stolz auf das Talent seines Sohnes. Marco hat mit seinen Eltern schon viele Länder bereist. Er hat nur wenige Freunde, mit denen er sich aber sehr gern trifft. Marco liest gern, kann aber auch schon Trecker fahren und spielt viel draußen, wenn es seine Zeit zuläßt. Auch komplizierte Gesellschaftsspiele machen ihm Spaß.

Melanie

hat einen großen Bruder von sechzehn Jahren und einen Vater, der nur am Wochenende nach Hause kommt. Ihre Mutter arbeitet halbtags in einer Computerfirma. Melanie ist eine sehr gute Schülerin, die sich für alles interessiert und nie unangenehm auffällt. Allerdings ist sie zu still. Sie lebt mit ihren Eltern in einem Dorf und dort in einem eigenen Haus, das früher ihren Großeltern gehörte.

Einmal in der Woche geht Melanie zum Reiten. Täglich trifft sie sich mit ihren Freundinnen, die wie sie auf die Gesamtschule der nahen Kleinstadt gehen. Manchmal spielen sie noch mit Barbies, manchmal gucken sie sich Pferdezeitschriften an und hören Musik. Manchmal schminken sie sich auch oder spielen Friseur. Wenn eine Schuldisco veranstaltet wird, sind sie dabei und hin und wieder gehen sie zu „Parties" von Klassenkameraden. Ihre Eltern achten darauf, daß Melanie nicht zu spät nach Hause kommt und fahren sie mit dem Auto überall hin.

Melanie weiß schon, daß sie Tierärztin werden will, und wenn es dabei bleibt, ist sie die erste in der Familie, die einmal studieren wird.

Lars

lebt in einem Kinderheim auf dem Land. Aufgewachsen ist er in der ehemaligen DDR, nach der Wende zogen seine Eltern in den „Westen". Sie fanden keine Arbeit und lebten von Sozialhilfe. Nachdem sie immer mehr Alkohol konsumierten und nicht mehr in der Lage waren, sich um Lars zu kümmern, wurde er in ein Heim zwangseingewiesen. Diesen Tag wird Lars nie vergessen, denn er wurde mit dem Polizeiauto abgeholt und aus der Wohnung gezerrt.

Inzwischen hat sich Lars mit seinem Schicksal arrangiert und fühlt sich recht wohl im Heim. Leider hat er die Grundschule nicht geschafft und wurde auf eine Sonderschule überwiesen. Die Schule gefällt ihm gut, weil seine Lehrerinnen sich viel Zeit für ihn nehmen und er sich nicht mehr so mit den Hausaufgaben abquälen muß. Im Heim gibt es manchmal Probleme mit den Erziehern, besonders die eine Erzieherin kann Lars nicht leiden, weil sie ihn ständig zum Aufräumen zwingt.

Lars sehnt sich nach Süßigkeiten und Spielsachen und auch nach seinen Eltern, die er zur Zeit nicht besuchen darf. Im Heim wird darauf geachtet, daß jedes Kind ein Hobby hat. Lars geht zum Rettungsschwimmen und hat schon alle Abzeichen gemacht. Außerdem ist er bei den christlichen Pfadfindern, die in der Nähe ein recht attraktives Programm anbieten. Auf diese Weise verreist er auch in den Ferien öfter.

Weil Lars sehr sportlich und körperlich äußerst geschickt ist und nett aussieht, mögen ihn viele Kinder gern. Auch die Lehrerinnen an der Sonderschule sind sehr mit ihm zufrieden.

Nina

Nina ist das mittlere Kind eines Studienrates und einer Kinderärztin. Sie hat einen jüngeren und einen älteren Bruder. Ihr älterer Bruder geht schon auf die Oberstufe des Gymnasiums. Nina ist in den letzten Jahren zwanzig Zentimeter gewachsen und körperlich weit entwickelt. Man könnte sie für vierzehn halten, was ihr schwer zu schaffen macht. Für Jungen interessiert sie sich nicht, es sei denn sie spielten Gitarre und wären intelligenter als sie.

Nina ist eine ehrgeizige und fleißige Schülerin. Ihre ganze Liebe gilt dem klassischen Ballett, für das sie wöchentlich mehrere Stunden trainiert. Oft muß ihr Vater sie zum Training fahren, ab und zu kann sie auch das Fahrrad benutzen, was ihren Vater dann immer sehr ängstigt. Nina hat keine feste Freundin, weil sie erst seit kurzem das Gymnasium besucht und durch das Ballettraining sehr ausgelastet ist.

In ihrer Freizeit beschäftigt sich Nina mit Hausaufgaben und Musikhören. Sie kennt alle wichtigen Ballettmusiken und fährt auch mit ihren Eltern häufig ins Konzert oder in die Oper zu Ballettveranstaltungen. In den Sommerferien fährt die Familie regelmäßig in den Urlaub nach Italien. Deshalb kann Nina schon recht gut italienisch.

Obwohl ihre Mutter beruflich sehr eingespannt ist, hat sie ein gutes Verhältnis zu ihrer Tochter. Besonders am Wochenende klönen die beiden viel bei Tee und Musik.

Die Mitte der Kindheit oder die sogenannten Lücke-Kinder

Sie gehen schon lange nicht mehr in den Kindergarten und wollen auch oft nicht in den Hort, sie sind noch zu klein für das Jugendzentrum und können noch nicht allein zu Hause bleiben - die Neun bis Zwölfjährigen. Spielplätze sind nichts mehr für sie und Discos sind noch verboten, Abenteuerspielplätze rar. Wo sollen die Kinder hin? In Berlin wurde deshalb der Ausdruck Lücke-Kinder geprägt und nur wenige mehr oder weniger private Initiativen nehmen sich ihrer an.

Einige Autoren bezeichnen die Phase von 9-12 als Mitte der Kindheit (Müller-Wiedemann, zit n. Baacke S.44) oder „eigentliche Kindheit", die dadurch gekennzeichnet ist, daß das Kind bereits seine Identität gebildet hat, jedoch von den Eltern abhängig bleibt. Sieht man einmal von dem Wechsel auf eine weiterführende Schule ab, gibt es in dieser Lebensphase nur wenige einheitliche Probleme.

Die neun- bis zwölfjährigen Kinder liegen „irgendwie dazwischen", streben einerseits nach Selbständigkeit, stellen ihren Status aber noch nicht wie Jugendliche in Frage. Die meisten erinnern sich später gern an diese Lebensphase zurück. Gewöhnlich haben Kinder in dieser Phase recht wenig Probleme, dafür viele Freiheiten und wenig Verantwortung. „Sie hören Rockmusik und Folklore, sie tragen ihr Haar nach Art der Teenager, sie ahmen ihre Kleidung und ihre Sprache nach, sie können tanzen..., aber sie lehnen die heterosexuellen Verstrickungen des jugendlichen Alters und die Besorgnisse und Lasten des erwachsenen Alters ab." (Church/Stone, zit.n. Baacke S.48)

Diese Beschreibung trifft wohl am ehesten auf Kinder der amerikanischen Mittelschicht zu, doch mag es in Westeuropa ähnliche Tendenzen geben. Andererseits erleben Eltern und Erzieher aber auch immer wieder weniger sorglose Kids: Diese liegen nachts wach und weinen über das Schicksal der Wale, über aussterbende Pflanzen und Tiere. Sie zermartern sich den Kopf über

„das blöde Ozonloch", sie essen kein Fleisch mehr, weil sie begriffen haben, daß es nicht im Supermarkt hergestellt wird, sie zermartern sich den Kopf über Tod und Leben, über Krieg und Frieden, über Mann- und Frausein und den ganzen Wahnsinn der Menschheit.

Es ist eine dynamische, offene Lebensphase, die bestimmt ist von einem Optimum an Denkfähigkeit und starken Gefühlen. Neunjährige denken sachbezogen und dennoch flexibel, sie sind äußerst scharfblickende, aufmerksame Beobachter, die auch in der Lage sind, ihre Wahrnehmungsperspektive zu ändern oder aus einer Gesamtgestalt Wesentliches herauszusondern. Daneben spielen Träume und Hoffnungen, Wünsche und Sehnsüchte eine bedeutende Rolle. Sie können die Schönheit eines Abendhimmels und die Sanftheit des Frühlings empfinden und genießen, ohne sentimental zu werden. Sie erleben Gefühle wie Angst und Freude ganz bewußt und brauchen Erwachsene, die sie mit all ihren Empfindungen und Emotionen annehmen, verstehen und begleiten. Unverstandene, ungeübte und alleingelassene Gefühle beschädigen nicht nur die augenblickliche Entwicklung, sondern verfolgen das Kind bis ins hohe Alter. Viele Verletzungen, die Erwachsene empfinden, rühren von solchen unterdrückten oder unverstandenen Gefühlen her, und Eltern tun gut daran, ihren Kindern die Erlaubnis zu Zorn, Wut, Ärger, Angst und anderen nicht sehr beliebten Gefühlen zu geben.

Kinder von neun bis zwölf zeigen eine vitale Lust an Farben und Formen, am Riechen und Schmecken, Hören und Sehen, Fühlen und Begreifen. Sie lernen rollschuhfahren und schwimmen, tauchen und fußballspielen, reiten und schielen, seilspringen und auf den Fingern pfeifen und damit schnippen, ein Instrument spielen, tanzen und vielleicht einen Computer bedienen. Sie befinden sich in einer Phase großer Kreativität und körperlicher Fitneß, wenn sie nicht durch Zwangsmaßnahmen Erwachsener, stundenlanges Stillsitzen, Anpassung an vorgegebene Zeiten und einseitiges Denken darin eingeschränkt und geknebelt werden.

Auch moralisch sind die Kinder dieses Alters stark von ihren Eltern abhängig. Der Gruppeneinfluß aus Schule, Verein oder Interessengemeinschaft wird zwar wesentlich stärker, die von den Eltern erlernten Haltungen und übernommenen Werte werden jedoch noch nicht so leicht aufgegeben. So kann es zu Konflikten kommen, wenn die im Elternhaus vertretenen ethischen Werte z.B. mit denen der Schule oder des Fußballvereins nicht übereinstimmen.

Zehnjährige bestimmen schon zunehmend selbst, mit wem sie Beziehungen eingehen, und erobern auch ihre Umgebung, den Supermarkt, das Kaufhaus, Bahnhöfe und Kioske, Bus- und Telefonhäuschen selbständig. Ohne sich von Erwachsenen anweisen zu lassen, registrieren und beobachten sie genau, was hier vor sich geht. Sie stehen auf Brücken, um die Autos zu zählen, deren Nummern sie sammeln, oder Kähne passieren zu sehen, sie erproben Keller- und Bodenräume oder versuchen, durch eine Hintertür ins Kino zu gelangen. Sie durchstreifen leerstehende Gebäude oder Schuppen, entdecken abgelegene Grundstücke und heimliche Abenteuer.

Die allmähliche Ablösung von den Eltern und die Hinwendung zur Gruppe Gleichaltriger wird immer wichtiger. Die Erfahrung, mit anderen Kindern selbständig etwas unternehmen zu können, ist neu, erfreulich und anregend - jedoch auch keineswegs immer einfach, wenn der Gruppenzwang zur Konformität oder das eigene Aussehen im Widerspruch zu eigenen Werten und Empfindungen steht.

Bedenkt man, daß es immer mehr Kinder gibt, die in diesem Alter schon klauen, brutal prügeln, rauchen und Alkohol trinken, wird verständlich, daß Kohlberg, ein bekannter Moralforscher, dafür eintritt, daß dem Kind deutlich gesagt werden muß, was Erwachsene für Recht oder Unrecht halten: „ich glaube, daß die Konzepte, die die Moralerziehung leiten, teilweise sogar indoktrinierend sein müssen. Dies gilt notwendigerweise für eine Welt, in der Kinder stehlen, betrügen und aggressiv sind, und für eine Situation, in der wir nicht warten können, bis die Kinder die... Stufe der Moralentwicklung erreichen", in der sie ganz bewußt und direkt mit moralischem Verhalten umgehen. „Es gilt in viel grundlegenderer Weise insofern, als Erziehung zu moralischen Handlungen - im Unterschied zum Urteilen - stets eine Beschäftigung mit moralischen Inhalten um ihrer selbst willen voraussetzt. Ich gehe davon aus, daß moralische Erziehung in Form von Parteinahme... geschehen kann, ohne daß die Rechte des Kindes verletzt werden. (Kohlberg zit. n. Baacke S. 191 f)

Gerade weil die Kinder dieses Alters so überaus scharfe Beobachter sind, ist das Vorbild der erwachsenen Eltern und Lehrer entscheidend. Ebenso wie Kinder aggressives Verhalten unter bestimmten Bedingungen nachahmen (die Nachahmung ist um so wahrscheinlicher, je bekannter eine Person für das Kind ist, je mehr

Macht sie hat, je liebenswerter sie erscheint, je mehr ihr aggressives Verhalten belohnt wird und je verständlicher aggressives Verhalten für das Kind ist - das Modell bietet sozusagen die Lösung für Konflikte, die das Kind selbst auch hat), können sie auch einfühlsames und verständnisvolles Verhalten dadurch lernen, daß sich ihre Bezugspersonen ihnen gegenüber und untereinander freundlich, verstehend und helfend verhalten. Prosoziales Verhalten ist demnach stark abhängig von dem Klima, in dem ein Kind aufwächst.

Soziales Lernen wird aber auch im Spiel unter Gleichaltrigen und in der Schule eingeübt. Kinder dieses Alters lernen, sich als Partner zu verstehen, die zwar manchmal miteinander im Wettstreit liegen, sich aber auch gemeinsamen Regeln verpflichtet wissen. Bei Konflikten brauchen neun- bis zwölfjährige Kinder oft noch Unterstützung, denn sie können verschiedene Standpunkte zwar erkennen, es fällt ihnen aber noch schwer, sich zu einigen, wenn sie nicht von Erwachsenen immer wieder gewaltfreie Konfliktlösung und verständnisvolles Verhalten vorgelebt bekommen.

Zwischen neun und zwölf machen Kinder zum ersten Mal die Erfahrung, daß sie Anerkennung durch Verhalten und Leistung erringen und immer wieder neue Aktivitäten unternehmen müssen, um errungene Positionen zu halten. Das freie Spiel unter Gleichaltrigen ist hierfür ein ausgezeichnetes Lern- und Übungsfeld. Allerdings wird es Kindern in einer Welt, in der Spiele durch bestimmtes Outfit, Anzeigetafeln, Trainer und Schiedsrichter gekennzeichnet sind, in der Spielideen von Massenmedien vorgeben werden und Markenbewußtsein zählt, immer schwerer gemacht, Raum und Zeit für freie, kreative und unbeobachtete Spiele, die von Erwachsenen auch nicht bewertet werden, zu finden. Deshalb werden die Möglichkeiten des sozialen Lernens außerhalb von Familie und Schule (die sich beide gleichermaßen überfordert fühlen) immer seltener.

Wenn Kinder frei miteinander spielen, proben sie auch den Ernstfall: „In Diskussionen und Auseinandersetzungen lernen sie den Umgang mit Aggressionen, sie erfahren Sicherheit in der Gruppe, wenn 'ein Versprechen gilt und kein Verräter unter uns ist'; sie spüren Widersprüche zwischen der Welt der Erwachsenen mit ihrer strengen Einordnung und Bewertung aller Taten und der Diffusität und Offenheit ihrer Gruppen, die den Zugang zu Spontaneität und Abenteuern offenhalten, ohne daß immer zugleich die Frage nach 'gut' und 'böse' gestellt werden muß; und vor allem: Kinder machen die Erfahrung von Zuneigung und Freundschaft, ohne die sie nach dem Tod ihrer Eltern und nachdem die Schule sie freigegeben hat, nicht werden leben können." (Baakke, S. 275)

Die unterschiedliche Entwicklung von Jungen und Mädchen

Kinder werden zwar als Jungen und Mädchen geboren, sie wachsen aber auch sehr früh in unterschiedliche Rollen hinein, die diesen Geschlechtern zugeordnet werden und die Neun- bis Zwölfjährige schon genau kennen und erkennen. Bereits im 6. Lebensjahr weiß ein Mädchen, daß es eine Frau wird und der Junge, daß er zum Mann heranwächst; und damit werden unterschiedliche Lebenspläne und Handlungsmöglichkeiten verbunden.

Je älter Kinder werden, desto rigider wird auf die Einhaltung von Geschlechtsrollen geachtet. Und obwohl Jungen heute schon Ohrringe und lange Haare tragen dürfen, so wissen sie doch ganz genau, was „man" als Junge tut und läßt. Es gibt in diesem Alter kaum Freundschaften zwischen Jungen und Mädchen und die Geschlechter grenzen sich deutlich voneinander ab.

Dies ist sicherlich nicht nur negativ zu bewerten, denn die Freundschaft und Auseinandersetzung mit Gleichgeschlechtlichen hilft, die eigene Rolle anzunehmen und sich in ihr zu erproben, zumal die Abgrenzung von den eigenen Eltern ungefähr ab zehn ein deutliches Thema wird. Wenn ich eine Frau werde - dann so eine wie meine Mutter oder eine ganz andere oder was?

Mädchen wachsen in dieser Phase gewöhnlich viel schneller und entwickeln sich auch körperlich oft rasant. Im Alter von zwölf Jahren haben viele Mädchen einen Busen und viele haben schon ihre erste Menstruation gehabt, während Jungen sich körperlich noch kaum verändern. Entsprechend haben einige Mädchen mit zwölf oder sogar davor eindeutig Interesse an Jungen oder Männern, und dies stellt Eltern oft vor enorme Probleme, auf die ich noch genauer eingehe.

Die erste Menstruation

Als ich zum ersten Mal meine Tage bekam, war ich elf und ganz allein. Auf einem Ponyhof unter fremden Menschen, wußte ich nicht, was ich machen sollte. Niemand hatte mich vorbereitet oder mit Binden und ausreichender Unterwäsche ausgerüstet. Alles, was da geschah, war peinlich, beängstigend und mußte versteckt werden. Ich hockte irgendwo in der Natur und grübelte verzweifelt darüber nach, was ich tun sollte.

Frauen meiner Generation ist es durchweg ähnlich ergangen. Entsprechend belegen viele ihre monatlichen Blutungen mit negativen Ausdrücken und Gefühlen. Ich habe „meinen Schiet", sagte eine Kollegin von mir immer. Wer selber kein gutes Verhältnis zu diesem Ereignis hat, wird oft von Schmerzen geplagt. Andere Frauen reden nicht darüber, tun so, als ob nichts wäre, und leiden still vor sich hin.

Entsprechend wird auch vielen Mädchen heute vermittelt, daß ihre Menstruation nichts als ein notwendiges Übel sei. Und obwohl heute alle spätestens in der Schule gründlich aufgeklärt und von zu Hause rechtzeitig mit Menstruationsbinden oder Tampons versorgt werden, die sie schon lange aus der Werbung kennen, ist „die Regel" noch immer ein Tabu und nichts, was froh und stolz auf Weiblichkeit und weibliche Fähigkeiten macht. Im Biologie- und Sachkundeunterricht bleiben Gefühle meist ausgeklammert, und in Gesprächen zu Hause geht es oft nur um technische Fragen wie: Wohin mit den Binden? Was tun mit blutigen Schlüpfern? Was mache ich bei Bauchschmerzen? Mitturnen- ja oder nein?

So wichtig diese Fragen auch sind und so wohltuend es ist, daß sie heute in fast jeder Familie besprochen werden - sie geben einem Mädchen doch wenig Hilfestellung für das, was jetzt neu beginnt: Das Frausein.

Noch immer wird zur Menstruation Unsicherheit suggeriert, die dann durch Binde X und Tampon Y in Sicherheit transformiert werden soll. Blut ist eklig und Menstruationsblut erst recht. Also weg damit! Dabei wissen wir heute, daß Naturvölker ohne diese Produkte auskommen, indem sie Moos, Naturschwämme, besonders gewebte Stoffe oder auch gar nichts benutzen wie die Tuareg-Frauen in Algerien, die sich ohne Unterhose einfach über ein Erdloch hocken - weil jeder das normal findet.

Wir haben heute oft ein gutes Verhältnis zu unserem Körper verloren, behandeln ihn oft lieblos wie eine Maschine, die funktionieren *muß* und wollen mit unseren Gerüchen und Ausscheidungen nichts zu tun haben. Bei Störungen aller Art ist der Griff in den Tablettenschrank das einzige, was vielen einfällt.

Dabei haben wir vergessen, daß unser eigenes Blut das einzige auf der Welt ist, das ohne Wunde, Verletzung oder Gewalt entsteht, das vielmehr ein Zeichen unserer Fruchtbarkeit und weiblichen Einmaligkeit ist und vielen Völkern als heilig galt. Sacer mens, heiliges Blut, ist der lateinische Ursprung des Wortes Sakrament, und Blut ist seit uralten Zeiten Symbol für Kraft und lebensspendende Energie. Menstruationsblut enthält tatsächlich zahlreiche Nährstoffe, Vitamine und wertvolle Mineralien sowie eine große Zahl von Immunzellen, daneben den roten, sauerstofftransportierenden Farbstoff Hämoglobin.

Der Grund hierfür liegt nahe: Wäre ein Kind entstanden, hätte das Hämoglobin den Embryo mit Sauerstoff versorgt, die Vitalstoffe hätten ihn ernährt und die Abwehrzellen hätten ihn in seinem Nest wirksamen Schutz gegen Krankheitserreger geboten. Es gibt kein anderes Blut, das so viele positive Eigenschaften hat!

Wenn wir die Bezeichnung *meine* Tage ernst nähmen, könnten wir sie nach unseren Wünschen gestalten, unsere persönlichen Tage daraus machen, uns vielleicht frei nehmen vom Alltag, um das zu feiern, was uns stolz und glücklich machen kann: Die Kräfte unserer ureigenen Weiblichkeit.

Das wichtigste, was sie Ihrer Tochter mit auf den Lebensweg geben können, ist ein gesunder Stolz auf ihre Weiblichkeit, die mit der ersten Menstruation beginnt. Wenn Sie Ihrer Tochter neben den üblichen Fakten erzählen, was für ein wunderbarer Rhythmus und welche Kräfte hinter der ersten Blutung verborgen sind und in welch harmonisches, sinnvolles Ganzes die Menstruation eingebettet ist, wird sich Ihre positive Einstellung auf Ihre Tochter übertragen können, und sie wird wahrscheinlich auch weniger Beschwerden haben.

Eine Wärmflasche, Ruhe und Rückzugsmöglichkeit, Frauenmanteltee und Entspannungsübungen können Ihrer Tochter außerdem helfen. Ein schönes Geschenk ist auch ein Massageöl für Bauch und Kreuzbein, das entspannt und trotzdem gut riecht. Bitte verwenden Sie hierfür naturreines ätherisches Öl aus kontrolliert biologischem Anbau und ein fettes Pflanzenöl, z.B. Mandelöl oder Johanniskrautöl (Olivenöl mit Johanniskrautauszügen).

Auf 100 ml Pflanzenöl kommen:

2 Tropfen ätherisches Angelikaöl

3 Tropfen Rose

2 Tropfen Melisse

3 Tropfen Muskatellersalbei

5 Tropfen Lavendel

2 Tropfen Zeder.

Sie können diese Mischung nach eigenen Bedürfnissen variieren, Rose, Muskatellersalbei und Lavendel sollten jedoch nicht fehlen. Die Mischung der ätherischen Öle in Sahne gegeben, eignet sich auch hervorragend für warme, entspannende Bäder.

Und falls Ihre Tochter einen Hulahoop-Reifen hat oder für Bauchtanz zu begeistern ist:

Die dabei erforderlichen Bewegungen sind ein gutes Training für einen entspannten, lockeren Unterleib. Die arabischen Völker, deren Frauen Bauchtanz lernten, wußten genau, zu welchem Zweck. Daß Männer gern zusahen, hat mit der eigentlichen Funktion, nämlich seinen Körper liebevoll anzunehmen und zu entwickeln, nichts mehr zu tun..

Margaret Minker schlägt in ihrem Buch „Der Mondring" Müttern und Vätern vor, neben der biologischen

Aufklärung ihren Töchtern von Bräuchen und Ritualen verschiedener Naturvölker zu erzählen, die verdeutlichen, was für eine große Bedeutung dieses Ereignis der ersten Menstruation im Leben einer Frau haben kann. In ihrem Buch sind einige schöne Geschichten für Kinder so nacherzählt, daß sie die Menstruation als etwas Natürliches, Schönes und Stolzmachendes erleben können.

So wird es auch möglich, dieses besondere Ereignis mit einem Fest zu begehen und dem Mädchen einen Mondring zu schenken.

Wissen müssen Eltern von Mädchen auch, daß die hormonelle Umstellung oft bereits im neunten Lebensjahr beginnt, das heißt einige Zeit vor der ersten Menstruation. Eine solche hormonelle Umstellung ist immer mit Stimmungsschwankungen verbunden, und die Klage, daß die Tochter so „zickig" sei, bekommt vor diesem Hintergrund eine neue Bedeutung.

Kann ich mein Kind vor sexuellem Mißbrauch schützen?

In einer Zeit, in der die Medien voll von Sexualdelikten sind, in der sexueller Mißbrauch, Vergewaltigung und Kindermord in aller Munde sind, kann jeder wohl nur allzu gut verstehen, daß Eltern ihre Kinder schützen wollen. Zu beachten ist jedoch, daß die Täter in der Regel aus dem Kreis der Familie kommen und nur in Ausnahmefällen völlig Unbekannte sind. Wissen sollte man auch, daß der beste Schutz das Selbstwertgefühl des

Kindes, sein Selbstvertrauen und das Vertrauen in seine Mitmenschen sind.

Wer seine elfjährige Tochter als „Nutte" beschimpft oder ihr vorwirft, sie laufe herum wie ein Tuschkasten, weil sie kurze Röcke und hochhackige Schuhe mag und sich am Lippenstift erprobt, erweist ihr damit keinen guten Dienst. Sie muß sich durch solche oder ähnliche Bemerkungen, auch wenn sie scherzhaft gemeint sein sollen, mißverstanden und herabgesetzt fühlen und Gesprächen mit den Eltern trotzig und enttäuscht ausweichen. Viel sinnvoller ist dagegen, immer und immer wieder Anerkennung auszusprechen, die innere und äußere Schönheit hervorzuheben und den Stolz auf diese körperliche, geistige und seelische Entwicklung auszudrükken.

Obwohl die gleichaltrigen Freundinnen nun immer wichtiger werden, können Eltern solche wichtigen Freundschaften unterstützen und fördern, denn sie helfen damit ihrer Tochter genauso wie sich selbst - auch im Umgang mit eigener Angst. In Gesellschaft sind Kinder immer besser geschützt als allein, und Kinder, die Vertrauen zu ihren Eltern haben, werden ihnen unangenehme Erlebnisse oder Ängste auch mitteilen.

Tolerieren Sie auch die Vorlieben und Abneigungen Ihres Kindes gegenüber Verwandten, Lehrern oder Trainern. Wenn Ihre Tochter plötzlich nicht mehr zu einem Onkel fahren will, den sie zuvor mochte, oder nur noch mit Angst zum Klavierunterricht geht, kann dies ein Hinweis sein. Immer wenn sich ein Verhalten plötzlich und ohne sichtbaren Grund ändert, sollten Sie dem nachgehen. Bedenken Sie dabei auch, daß Kinder sich immer für sexuelle Delikte Erwachsener mitverantwortlich fühlen und sich unendlich schämen. Sie empfinden ja zu Recht Lust und Freude an ihrem Körper - und genau das nutzen manche Erwachsenen aus. Das Kind weiß in der Regel nicht, daß hier eine Grenzverletzung vorliegt, und meint oft, es sei seine eigene Schuld, daß dies oder jenes passierte.

Betonen Sie immer wieder, daß der Körper Ihres Kindes schön und in Ordnung ist und daß *niemand über ihn bestimmen darf als es selbst*. Auch Küsse und Berührungen dürfen nur sein, wenn das Kind dies möchte. „Ich bestimme über mich und meinen Körper" sollte eine zentrale Familienregel sein.

Dazu gehört für mich auch die Selbstbestimmung über Kleidung, Haarschnitt und die äußere Aufmachung, was zurückhaltende Beratung und finanzielle Grenzen natürlich einschließt. Kinder müssen eigene Erfahrungen machen und auch in einem geschützten Rahmen experimentieren dürfen. Faschingsfeiern und Verkleidungsfeste sind hierfür ein gutes Übungsfeld. Geburtstagsfeiern oder Schulfeste auch.

Erste Liebe schon mit 12?

Ja - warum denn nicht? Gibt es etwas Schöneres, als sich zu verlieben? Und konnten Eltern es jemals verhindern? Viele Kinder verlieben sich übrigens viel früher. „Mit 17 haben heute schon Zweidrittel der Mädchen und 50% der Jungen Beischlaf erlebt" gibt eine Emnid-Studie 1995 an. Danach haben bereits 7% der 14jährigen Geschlechtsverkehr gehabt (zit.n. Struck S. 163).

Die Befürchtungen der Eltern fangen mit der Geschlechtsreife an. Sie wollen ihr Kind schützen - das ist gut und verständlich. Hinderlich und unnütz ist jedoch, eigene Erfahrungen, die jedes Kind machen muß, zu verhindern. Daß Sexualität ein natürliches menschliches Grundbedürfnis ist, wird wohl niemand ernsthaft bestreiten. Früher hatten Kinder oft mehr Möglichkeiten, unbeobachtet zu experimentieren. Wir bauten uns z.B. im Wald Höhlen und natürlich erhielt ich da auch meinen ersten Kuß. Mit elf.

Heute dürfen Kinder zwar eine ganze Menge, aber selten sind sie unbeaufsichtigt, weil ihre natürliche Umwelt als überaus gefährlich gilt. Wo sollen sie also Erfahrungen machen?

Sicherlich ist es für Eltern heute besonders schwer, den richtigen Weg zwischen Aufsichtspflicht und Erziehung zur Freiheit zu finden. Was aber Versicherungsexperten, aufgeschreckt durch eine hohe Unfallstatistik, herausfanden, gilt sicherlich auch für andere körperliche Erfahrungen: Gerade weil Kinder heute zu wenig Möglichkeiten zu eigenen Experimenten haben, verunglücken sie so häufig. Eben weil sie zu wenig Möglichkeiten hatten zu klettern, zu balancieren und auch hinzufallen, stürzen sie so oft unglücklich.

Schon in Märchen wird immer wieder betont, wie zwecklos es ist, Mädchen in Türme zu sperren wie bei Rapunzel oder alle Spindeln im Land verbrennen zu lassen, um sie vor einem Stich zu schützen. Es passiert doch! Wieviel besser geht Mathis, der Räuberhauptmann, mit seiner Tochter Ronja Räubertochter um: Er erklärt ihr alle Gefahren und gibt ihr auch mit auf den Weg, was sie im Fall einer Gefahr zu tun hat.

Und was mache ich, wenn ich in den Fluß plumpse? Du schwimmst!

Für mich ist der wichtigste Grundsatz die Förderung des Selbstvertrauens und der Selbstbestimmung. Natürlich gibt es auch Erfahrungen, die Angst machen oder ein Kind überfordern und deshalb auch nicht weiterbringen. Zum Beispiel wenn Kinder sich Porno-Filme anschauen oder wenn junge Männer von Mädchen, die ihnen körperlich unterlegen sind, etwas fordern, was diese nicht geben möchten. Vor solchen Erfahrungen muß man sein Kind schützen und man tut dies am besten durch das Vorleben der Einstellung, daß kein Mensch das Recht hat, ihm etwas abzuverlangen, was es nicht geben möchte, und daß jeder sich immer entscheiden kann, ja oder nein zu sagen.

Wenn wir unsere Kinder nicht zu Duckmäusern erziehen, sondern ihren Widerstand und ihr Nein als Zeichen ihrer Selbstbestimmung und Selbstachtung werten, geben wir ihnen eine gute Chance im Dschungel des Lebens. Das Gefühl: „Du kannst mir alles sagen und ich stehe dir immer bei, auch wenn du etwas Schlimmes getan hast" bildet die Basis, einander ohne Angst Sorgen und Nöte mitzuteilen und auch ersten Liebeskummer zu überleben.

Jungen brauchen einen Vater

Die meisten Kinder wachsen heute mit einem Defizit an Väterlichkeit auf. Dies ist besonders für Jungen fatal, die auf der Suche nach Identität männliche Bezugspersonen dringend als Vor- und Leitbilder benötigen. Sie wissen schon lange, daß sie ein Mann werden. Wo aber können sie abgucken, was das bedeutet? Während das kleine Mädchen seine Mutter als natürliche Identifikationsfigur viele Stunden täglich beobachten kann, fehlt dem Jungen das Modell.

Medien aller Art bieten ein Übermaß an brutalen Männlichkeitsidealen und transportieren diese über die Bildschirme in die Köpfe der „kleinen Helden in Not", wie ein sehr lesenswertes Buch betitelt ist (Rainer Neutzling/Dieter Schnack: Kleine Helden in Not. Jungen auf der Suche nach Männlichkeit, Reinbek bei Hamburg 1990). „Vaterlose Jungen sind in ihrer Kindheit viel häufiger in Kinderkrippen, Kindergärten und Vorschulen; sie lernen dort über Modelle von anderen Jungen, wie man sich zuschlagend und zerstörend zu wehren und zu behaupten hat und wie man in der Rangordnung von Männerbünden nach oben kommt. Später sind sie entweder sich selbst überlassen oder sie sind vorwiegend von Frauen, also Müttern, Erzieherinnen und Lehrerinnen umgeben, so daß sie nicht leicht ihre männliche Rolle finden können; sie lernen dann nicht, gut mit ihren Gefühlen umzugehen, auch weil sie fast nie einen weinenden Mann sehen..." (Struck S. 55).

Aber selbst in vollständigen Familien sind Väter nicht oder zumindest weniger greifbar als Mütter. Sie gehen zur Arbeit und engagieren sich in ihrer Freizeit noch zusätzlich für Sportvereine oder Parteien, die Familie ist für sie ein Erholungsort mit dem Ziel: „Ich will meine Ruhe haben und mit einem Bier vor dem Fernseher sitzen." Im Schnitt verbringt der deutsche Vater weniger als eine Stunde pro Tag mit seinen Kindern, Mütter

dagegen zehn (Struck S. 56). Daß dies so ist, liegt sicherlich nicht nur an den Vätern, sondern an einer Vielzahl u.a. auch gesellschaftlicher Ursachen. Für Jungen ist dies jedoch kein Trost. Sie haben es schwer! Glücklich kann sich schätzen, wer einen Vater hat mit Zeit zum Spielen und Herumtoben, Handwerkern, Sport treiben, Musik machen und Liebhaben.

Aber auch ein Vater mit wenig Zeit ist immer noch besser als gar keiner! „In den USA gibt es eine intensive Väterforschung, die beispielsweise herausgearbeitet hat, daß fast zwei Drittel aller Vergewaltiger, drei Viertel aller Mörder und drei Viertel aller Gefängnisinsassen ohne Vater groß geworden sind. In Deutschland leiden mehr als ein Drittel aller Kinder aus Ein-Eltern-Familien unter schweren psychischen Störungen, während Kinder aus kompletten Familien seltener Schulversager, Drogenabhängige oder Verhaltensauffällige werden." (Struck S. 56)

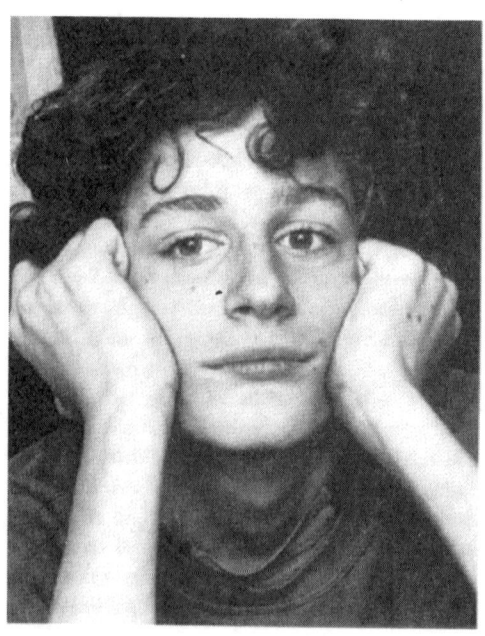

Schulprobleme

Neue Schul-Entscheidungs-Qual

In den meisten Bundesländern müssen sich Eltern mit Kindern im 10. Lebensjahr entscheiden, auf welche Schule ihr Kind zukünftig gehen soll. Wer nicht auf eine Waldorfschule oder eine andere Modellschule geht, hat nach der vierten oder sechsten Grundschulklasse die Qual der Wahl.

In der vierten oder sechsten Klasse erhalten die Eltern vom Klassenlehrer der Grundschule ein Empfehlungsschreiben, das ihnen die Wahl erleichtern soll. Es gibt Haupt-, Real- und Gymnasialempfehlungen.

Während es früher häufiger vorkam, daß Kinder, insbesondere Mädchen, die eine Gymnasialempfehlung bekamen, dennoch nicht auf diese Schule gehen durften, weil ihre Eltern das für überflüssig hielten, ist heute das Gegenteil der Fall. Immer mehr Eltern wollen eine gute Schulbildung für ihre Kinder, immer mehr Kinder sollen das Abitur schaffen, weil Eltern sich davon bessere Berufschancen erhoffen. Dies ist nur allzu verständlich, und doch etwas kurzschlüssig gedacht: Es gibt einfach zu viele arbeitslose Akademiker um glauben zu machen, daß eine gute Bildung vor Arbeitslosigkeit bewahre. Andererseits gibt es genug erfolgreiche Menschen ohne Abitur. Es stimmt zwar zur Zeit, daß Abiturienten leichter eine Lehrstelle finden als Hauptschüler, ob ein Mensch jedoch Erfolg im Leben hat, hängt in erster Linie von seiner Persönlichkeit ab.

Wenn Sie sich für eine Schule entscheiden, sollten Sie sich daher in erster Linie fragen, welche Schule Ihrem Kind gut tut, und nicht, welche seinen beruflichen Werdegang am besten fördert. Wenn ein Kind das Gefühl hat, etwas zu können, anerkannt zu sein und die Leistung erbringen zu können, die man von ihm erwartet, kann es ein glücklicher Mensch werden und erfolgreich sein. Wenn es ständig hinter den Erwartungen anderer herhinkt, wird es sich selbst als Versager empfinden und weniger leisten, als es eigentlich kann.

Der Gedanke: „Ich bin nichts und ich kann nichts", der leider bei vielen Kindern und Jugendlichen im Kopf verankert ist und von viel zu vielen Erwachsenen unterstützt wird, hat schon vielen Menschen das Leben ruiniert. Solche Gedanken sind leider wirkungsvoll!

Umgekehrt wirkt der Glaube an sich selbst Wunder, wenn er mit Durchhaltevermögen und Energie gepaart ist.

Nach meinen Erfahrungen sind die Möglichkeiten, auf Lehrer zu treffen, die Kinder unterstützen und fördern an *Gesamtschulen* am größten. Es gibt allerdings viel zu wenig Gesamtschulen und oft sind diese unerreichbar. Auf den herkömmlichen Gymnasien habe ich wesentlich seltener solche Lehrer entdeckt, obwohl es auch hier viele Ausnahmen gibt, über die man sich gar nicht genug freuen kann.

Es gibt daher gar keinen anderen Weg, als die jeweilige Schule vor Ort zu prüfen - egal, um welchen Schultyp es sich handelt. Hierbei sollte man mit der Schulleiterin oder dem Schulleiter, mit LehrerInnen und mit Kindern sprechen, die diese Schule besuchen. Jede Schule ist so gut wie die Menschen, die darin arbeiten.

Dies gilt übrigens auch für Privatschulen. Die Tatsa-

che, daß jährlich 17 000 Schüler von Privatschulen abgewiesen werden, weil deren Kapazitäten nicht ausreichen, läßt ahnen, wie groß die Unzufriedenheit von Eltern mit staatlichen Schulen ist. Dennoch können staatliche Schulen viel besser als manche Privatschulen sein, und man kann den dort tätigen engagierten LehrerInnen ihren Einsatz gar nicht genug danken.

Eine Schullaufbahn ohne Angst und Aussonderung - das muß jeder wissen - gibt es jedoch nur an integrierten Gesamtschulen und an den freien Waldorf- und Montessori-Schulen. Es bleibt zu hoffen, daß solche Modelle sich ausbreiten, für sich selbst durch ihr Wirken sprechen und auch an anderen Schulen viele Nachahmer finden.

Zu berücksichtigen ist auch, daß man auf den Realschulabschluß ein Fachabitur setzen kann und daß jeder Mensch lebenslänglich weiterlernt. Wer heute „nur" den Hauptschulabschluß hat, kann z.B. irgendwann an der Abendschule den Realschulabschluß nachholen, wenn das wirklich wichtig erscheint. Fest steht auch, daß es einfacher ist, einen Schulabschluß nachzuholen als ein lädiertes Selbstwertgefühl zu heilen.

Obwohl es sicherlich im Prinzip sinnvoll ist, die Empfehlung der Grundschullehrer zu berücksichtigen, sind die schulischen Leistungen allein nicht ausschlaggebend. Auch die Persönlichkeit ist zu berücksichtigen: Ein schüchternes, eher ängstliches Kind kann sich z.B. an einer zu großen Gesamtschule verloren vorkommen oder durch einen durch die Schule vorgegebenen zu langen Schulweg überfordert fühlen.

Zu schwer sollten sie sich die Schulentscheidung jedoch auch nicht machen: Keine Entscheidung muß endgültig sein und fast jede läßt sich revidieren.

Lena wird gehänselt

Lena ist zehn und das Adoptivkind von Klaus und Ute. Aufgrund ihrer Sehbehinderung muß sie eine dicke Brille tragen. Außerdem hat sie X-Beine.

In der Grundschule hatte Lena eine einfühlsame Lehrerin und einige Freundinnen. Aber jetzt ist sie aufs Gymnasium gekommen und kennt niemanden. Jeden Tag nach der Schule weint sie und fleht ihre Eltern an, sie doch auf die Realschule zu schicken, wo auch ihre Freundinnen sind. Aber soll Lena nur wegen der Hänseleien von einigen Kindern die Schule wechseln? Klaus und Ute sehen das nicht ein. Als erstes reden sie mit der Klassenlehrerin. Die zeigt zwar Verständnis, hat Lena aber nur an vier Tagen für je zwei Stunden im Unterricht. Um Probleme zu besprechen, fehlt ihr einfach die Zeit. Und außerdem kann sie ja nicht auf den Schulhof kommen. „Da muß sie durch!" ist ihr einziger Rat.

Eine befreundete Kindertherapeutin gibt den Eltern den Tip, Lena eine Geschichte zu erzählen, die ihren Problemen entspricht. Die Geschichte sollte von einem zehnjährigen Mädchen handeln, das in der Schule gehänselt wird, aber lernt, sich dagegen zu wehren. Sie sollte ein positives Ende haben, an Lenas vorhandene Stärken und Fähigkeiten anknüpfen und mit Humor gewürzt sein.

Denn Kinder, die geärgert werden, fühlen sich gedemütigt und beschämt, machtlos, zornig und verletzt. Je ohnmächtiger und unzulänglicher sich ein Kind jedoch fühlt, desto stärker wird es geärgert. Es ist wichtig, diesen Teufelskreis zu durchbrechen und das Kind in eine aktive, positive Rolle zu bringen. Zum Beispiel indem es angeleitet wird, sich als Verhaltensforscherin zu betätigen. Dies gibt Lena das Gefühl, etwas Besonderes und Wichtiges zu sein. Es fesselt ihr Interesse und überträgt ihr die Kontrolle. Als Verhaltensforscherin führt sie das Experiment durch und die „Ärgerer" sind die Versuchskaninchen. Wichtig ist auch, schüchternen Kindern etwas über Körpersprache zu vermitteln. Manche schleichen vorbei, als würden sie geradezu ein Plakat mit der Aufschrift: „Bitte ärgere mich!" tragen. Indem Kinder lernen, eine selbstbewußte, mutige Haltung einzunehmen, verändert sich auch ihr tatsächliches Gefühl. Mit einer mutigen Haltung fühlt man sich mutiger.

Durch die Geschichte erhält Lena auch indirekt die Anweisung, wenn sie gehänselt wird, zu sich selbst zu sagen: „Das machen die nur, damit ich darauf reagiere." Oder: „Das machen die nur, weil ihnen der Mut fehlt, die anderen auf andere Weise zum Lachen zu bringen."

Ein weiterer guter Rat aus der speziell für Lena erfundenen Geschichte lautet, in einem Rollenspiel die Ärger-Szenen nachzuspielen, so daß Lena Übung darin bekommen kann, wie man die Hänseleien von sich abprallen läßt.

Ute und Klaus setzen sich einen ganzen Abend lang zusammen und haben dann eine Geschichte zusammengebastelt, die sie Lena am darauffolgenden Sonntag in einer entspannten Atmosphäre erzählen. Der Erfolg ist überraschend. Lena will die Geschichte noch einmal und noch einmal hören. Am Montag beginnt sie, sich genau wie die Loni in der Geschichte als Verhaltensforscherin zu betätigen: Sie nimmt ein kleines Notizbuch mit in die

Schule und macht jedesmal, wenn Jenny und Stefanie über sie flüstern und ihre Bemerkungen loslassen einen Strich in ihr Notizbuch. Damit ist sie so beschäftigt, daß sie die Hänseleien kaum noch beachtet. Nach zwei Wochen hat das Ärgern zwar nicht aufgehört, aber doch erheblich nachgelassen.

Und dann probiert Lena die zweite Methode aus: Das Nichtbeachten. Immer wenn Jenny versucht, Bemerkungen über Lenas Brille oder ihre Beine zu machen, beachtet Lena sie gar nicht, sondern geht selbstbewußt vorbei und denkt: „Die blöde Jenny versucht mich zu ärgern. Aber ich bin Verhaltensforscherin und beachte sie gar nicht."

Nach weiteren neun Tagen kommt Lena ganz begeistert aus der Schule: „Ich habe ein Problem, Mama" sagt sie mit unterdrücktem Lachen. „Ich kann nicht mehr üben, nicht darauf zu achten, wie Jenny mich ärgert." „Und warum nicht?" fragt Klaus und guckt besorgt. „Weil sie aufgehört hat, mich zu ärgern!"

Übrigens hat Lena Stefanie und Jenny zu ihrem Geburtstag eingeladen. Die drei sind jetzt gut befreundet.

Wenn Sie lernen wollen, therapeutische Geschichten für Ihre Kinder zu erfinden, empfehle ich Ihnen das Buch:

Doris Brett
Anna zähmt die Monster. Therapeutische Geschichten für Kinder
Iskopress, Salzhausen 1993

Immer Ärger mit den Hausaufgaben?

In vielen Familien sind Hausaufgaben ein Thema, das dauerhaft belastet. Während erwerbstätige Mütter und Väter sich oft damit überfordert fühlen, nach der Arbeit auch noch Hausaufgaben zu überprüfen oder sich gar damit herumzuärgern, geraten Hausfrauen oder -männer oft in einen Kampf um die Hausaufgaben - sei es mit ihren Kindern oder deren LehrerInnen.

Wozu sind Hausaufgaben überhaupt da? Die Befürworter begründen sie damit, daß zu Hause geübt und gefestigt werden müsse, was in der Schule durchgenommen wurde. Außerdem sollen Kinder an Pflichten und selbständiges Arbeiten gewöhnt werden. Das klingt einleuchtend. Tatsächlich bleibt in der Schule, wie sie zur Zeit besteht, kaum Zeit zum Festigen und Üben: Zu große Klassen, überforderte LehrerInnen, ein überalterter Lehrkörper und ständige Stundenkürzungen lassen Hausaufgaben als notwendig erscheinen.

Die Gegner von Hausaufgaben führen an, was Untersuchungen im In- und Ausland immer wieder bestätigen: Kinder, die Hausaufgaben aufbekommen, sind nicht besser als die, die keine aufbekommen. Es gibt keinen Beleg für den leistungssteigernden Wert von Hausaufgaben! Außerdem belasten sie den Unterricht, denn wenn LehrerInnen die Hausaufgaben überprüfen, führt allein das Einsammeln und Austeilen der Hefte zu erheblichem Zeitverlust, erst recht das Besprechen, Vorbereiten und Nachsehen.

Hinzukommt, daß es in jeder Klasse mindestens ein Kind gibt, das Hausaufgaben vergißt oder prinzipiell nicht macht, was wiederum einen langen Schwanz von zeitaufwendigen Disziplinarmaßnahmen nach sich zieht, die auch viele Nerven kosten. Hierunter leiden dann nicht nur die LehrerInnen, sondern auch jene SchülerInnen, die ihre Hausaufgaben machen.

Führen Hausaufgaben nun zum selbständigen Arbeiten? In der Regel ist es doch wohl so, daß die Kinder, die auch so schon selbständig und selbstbewußt sind, ihre Hausaufgaben auch allein anfertigen, die zweifelnden, alleingelassenen und ohnehin leistungsschwachen Kinder ihre Arbeiten aber gar nicht allein bewältigen können. Sie geraten entweder mit ihren Müttern, die sich hilflos und überfordert fühlen, oder mit ihren LehrerInnen, die sich genauso fühlen in einen sinnlosen Kleinkrieg. Oder sie schreiben die Hausaufgaben von irgendjemand ab.

Hausaufgaben sind kein Erziehungsmittel, werden aber häufig noch immer als solches mißverstanden.

Eine Alternative zu Hausaufgaben gibt es meiner Meinung nach durchaus. Sie bestünde in zusätzlichen Förder- und Übungsstunden und veränderten Unterrrichtsformen. Hier würden die Leicht-Lerner individuell gefördert, und die Langsam-Lerner hätten Zeit zum lustbetonten, angeleiteten Üben. In Ganztagsschulen, ganzen Halbtagsschulen oder Schulen mit Mittagessen und spezieller Hausaufgabenbetreuung sind damit viele gute Erfahrungen gesammelt worden. Sie kosten aber alle Geld, und das will unser Staat offenbar zur Zeit nicht in Schulen investieren.

Was machen wir Eltern solange?

Zuerst finde ich es wichtig, auf Elternversammlungen und in politischen Initiativen immer wieder auf die Notwendigkeit von Förderunterricht und zusätzlichen

Übungsstunden hinzuweisen. Auch sollten Eltern wissen, daß mehr Hausaufgaben nicht automatisch zu mehr Wissen führen und daß es weit bessere Lernmethoden gibt.

Außerdem sind Hausaufgaben kein Erziehungsmittel nach dem Motto: Geben Sie meinem Kind etwas auf, damit es nicht auf dumme Gedanken kommt!

Kinder, die nachmittags nicht spielen und sich nicht bewegen können, leiden in jedem Fall, auch wenn sie dabei gute Schüler bleiben. Streßsymptome, psychosomatische Beschwerden oder seelische Probleme treten heute bei immer mehr Kindern auf. Auch wenn zuviel Hausaufgaben nicht die einzige Ursache dafür sind, sollten wir Eltern doch immer den Mut haben, gegebene und als unabänderbar erscheinende Zustände nicht einfach hinzunehmen, sondern zu hinterfragen und gemeinsam nach produktiven Lösungen zu suchen.

Zu solchen Ideen gehört für mich: Anstellung von Hilfskräften an Schulen z.B. für Mittagessen und Hausaufgabenbetreuung, gegenseitige Elternhilfe, offene und faire Diskussion auf Elternabenden und mit den Kindern.

Für mich sind Hausaufgaben prinzipiell eine Angelegenheit zwischen Schüler und Lehrer. Erst wenn ich bemerke, daß mein Kind allein nicht zurechtkommt, suche ich nach neuen Lösungen. Ich kontrolliere Hausaufgaben auch nur, wenn meine Kinder dies wünschen, denn ich möchte nicht zu den „Hilfslehrern der Nation" gehören, wie Hausfrauen einmal genannt wurden, die mit ihren Kindern täglich mehrere Stunden Hausaufgaben machen.

Wichtig finde ich auch, daß Kinder den Zeitpunkt für ihre Hausaufgaben selber bestimmen. Nur so können sie ein Gefühl für sich selbst und ihren eigenen Rhythmus finden. Auch sollte der Raum, in dem sie ihre Hausaufgaben erledigen, ruhig und möglichst störungsfrei sein. Dies kann der Küchentisch genauso wie der eigene Schreibtisch sein. Auch der Fußboden ist übrigens geeignet- Kinder müssen keineswegs auf Stühlen sitzen!

Alle Kinder sehnen sich nach Anerkennung und Bestätigung. Über den Kopf streichen und „prima" sagen, kann oft schon genügen. Andere möchten mehr hören wie z.B.:"Ich staune, wie gut du das schon kannst!" Oder: „Diesen Satz hast du aber besonders ordentlich geschrieben."Oder: „Diese schöne Geschichte solltest du heute abend Papa vorlesen." Mit Schimpfen und Druck hilft man Kindern nie! Wenn Sie spüren, daß Ihnen heute die Nerven fehlen, geben Sie Ihrem Kind lieber einen Zettel mit in die Schule, auf dem steht, daß sie/er die Hausaufgaben nicht selbständig anfertigen konnte, als daß sie sich gegenseitig anschreien.

Sie können Ihr Kind auch zu einer Freundin, einer netten Nachbarin oder sonst jemand schicken, der helfen kann. Und manchmal ist es auch notwendig, einfach wegzugucken. Lassen Sie doch die Lehrerin Bemerkungen über die Schrift Ihres Sohnes machen und die Fehler selbst entdecken! Sind Hausaufgaben denn so wichtig, daß es sich lohnt, sich damit das Familienleben zu vergiften? Ich finde nicht.

Gibt es Methoden, das Anfertigen der Hausaufgaben zu erleichtern? Ganz bestimmt! Vokabeln z. B. lernt man gut mit kleinen witzigen Rollenspielen, mit einfachen Utensilien, bei entspannender Musik oder bei gemeinsamer Küchenarbeit. Sie sollten sowohl akustisch oder mündlich als auch visuell, d.h. schriftlich, geübt werden. Dabei können die Lieblingsfarben Ihres Kindes, mit denen es diese Worte dann schreibt, das Lernen unterstützen. Krafttiere, die zu dem Kind kommen, um ihm zu helfen, oder Konzentrationssteine, die auf dem Tisch liegen, können wichtige Unterstützer sein.

Fragen Sie Ihr Kind einmal, wer oder was ihm wohl bei den Hausaufgaben helfen könnte, wenn es Schwierigkeiten damit hat. Jeder Vorschlag ist es wert, ausprobiert zu werden. In festgefahrenen Situationen können auch kleine Belohnungen oder spontane Geschenke helfen. Sie sollten jedoch die Ausnahme bleiben und persönliche Freude ausdrücken.

Ermutigung und Motivation z.B. auch durch ein neues Heft oder Schreibgerät wirken oft Wunder. Und wenn die Lehrerin Ihrem Kind keinen Aufkleber gibt, können Sie es ruhig selber tun, wenn Sie es für angebracht halten.

Wichtig finde ich auch, der Lehrerin eine Rückmeldung zu geben, damit sie weiß, wie leicht oder schwer, umfangreich oder kurzweilig die Hausaufgaben waren. Als ich noch Lehrerin war, habe ich mich immer sehr über Kommentare gefreut, die mir die Kinder unter ihre Aufgaben schrieben: „Das wahr langweilich!" Oder: „Das hat mir Spas gemacht."

Schlechte Leistung - schlechte Lehrer?

Wenn ein Kind in der Schule schlechte Leistungen zeigt, kann das ganz unterschiedliche Ursachen haben, und wir sollten uns davor hüten, einseitige Schuldzuweisungen auszusprechen. Zunächst stellt sich die Frage, ob es sich um einen plötzlichen Leistungsabfall handelt oder um eine „Schwäche", die seit eh und je bestand. Plötzlicher Leistungsabfall kann mit seelischen Problemen, mit Lehrer- oder Schulwechsel oder sogar mit einem körperlichen Leiden zu tun haben. Mangelnde Motivation, d. h. „Lust" auf dieses bestimmte Fach, kann mit allen drei Möglichkeiten verknüpft sein.

Vielleicht wollen die Eltern unbedingt etwas errei-

chen, was ihr Kind weder leisten will noch kann. Vielleicht ist die beste Freundin auf eine andere Schule gekommen, vielleicht wurde der Lieblingslehrer versetzt oder ist krank geworden, vielleicht sehnt sich der Sohn nach dem von der Mutter verbannten Vater und sieht keinen Sinn mehr in seinem Leben, vielleicht hat er aber einfach nur ein neues interessantes Hobby, das ihm viel mehr Spaß macht als die Schule, oder vielleicht hat sich die Tochter verliebt...

Nützlich ist es in jedem Fall, alle Beteiligten nach ihrer Sichtweise des Problems zu fragen. Was der Lehrer als „faul" definiert, kann der Vater als fleißig auf anderem Gebiet beschreiben und das Kind selber als uninteressant. Allein schon durch den Austausch über diese unterschiedlichen Sichtweisen kann viel in Gang kommen.

Manchmal sehen allerdings auch alle Beteiligten das Problem auf ähnliche Weise: Durch längere Krankheit sind Lücken entstanden, die z.B. in den Ferien oder durch vorrübergehenden Nachhilfeunterricht aufgeholt werden können. Oder der Lehrer hat das Kind „unmöglich" behandelt und wird zu einem Hausbesuch eingeladen. Oder der „schlechte" Schüler erhält einen Paten, z. B. einen Pädagogik-Studenten oder älteren Schüler, der sich um dieses Kind besonders kümmert und hierdurch Selbstwertgefühl und Leistung verbessert. Oder die Eltern geben ihren Plan, das Kind müsse unbedingt aufs Gymnasium, auf und tolerieren seine mittelmäßigen Leistungen auf schulischem Gebiet.

Man sollte sich einmal verdeutlichen, was es bedeutet, wenn in den fünfziger Jahren 80% aller Kinder die Hauptschule besuchten, es heute jedoch nur noch 26%

sind, in den großen Städten wie Berlin und Hamburg sogar nur noch 1o%.

Manchmal kann es auch helfen, dem Kind einfach mehr Aufmerksamkeit zu schenken, Interesse für seine schulischen Themen zu zeigen, Vokabeln abzuhören und Freude über jeden kleinen Fortschritt auszudrücken und positive Ansätze zu unterstützen. Aufmerksamkeit zu schenken, kann auch in Einfühlungsvermögen bestehen: Was geht in Ihrem Kind vor und was drückt es aus?

Betont werden muß, daß Kinder unterschiedliche Auffassungsgaben, Temperamente und Vorlieben haben. Manchen Kindern genügt es, ein Wort einmal zu sehen, um es richtig schreiben zu können, andere schreiben dieses Wort auch nach zehnmaligem Abschreiben noch verkehrt. Experten können manchmal herausfinden, woran diese „Rechtschreib- oder andere Schwäche" liegt, und wie man sie günstig beeinflussen kann. Viel wichtiger scheint mir jedoch, den Stärken gerade dieser Kinder Beachtung zu schenken oder sie überhaupt wahrzunehmen.

„Emotionale Intelligenz" ist ein Schlagwort, das in Amerika und auch bei uns immer mehr ins Bewußtsein rückt. Der amerikanische Psychologe Daniel Goleman zeigt in seinem Buch an zahlreichen Fallbeispielen, daß emotionale Intelligenz viel mehr über Erfolg im Leben aussagt als der übliche Intelligenzquotient IQ (Emotionale Intelligenz, München 1996).

Daß unsere Schulen emotionale Intelligenz, soziales Lernen, bildhaftes und kreatives Denken oft nicht in dem Maß fördern, wie dies nach heutigem Kenntnisstand notwendig wäre, ist eine traurige Tatsache.

Wie immer die Ursachen für schlechte Leistungen von Ihnen auch eingeschätzt werden: Mit Schuldzuweisungen und Strafen hilft man keinem Kind weiter. Gemeinsam nach Lösungen zu suchen und allen Beteiligten prinzipiell gute Absichten zu unterstellen, kann jedoch helfen, aus der Sackgasse von Ärger, Streß und Verzweiflung herauszufinden. So können schlechte Leistungen die Augen öffnen für mehr Achtsamkeit, Zuwendung, neue Erfahrungen und Chancen.

Hilfe, mein Kind ist verhaltensauffällig!

Hätten Sie gern ein normales Kind? Eines, das sich unauffällig in die Normen fügt? Verhaltensauffällige Kinder fallen eben auf - das ist unbequem und anstrengend. Und verhaltensauffällige Kinder haben ganz besondere Stärken, die leider oft übersehen werden.

Kinder fallen auf, weil sie besonders intelligent, besonders beweglich, besonders mutig, besonders ausdauernd oder kräftig sind - sie drücken es allerdings auf eine Weise aus, die manche Erwachsene oft bis zur Weißglut reizt. Sie sehen dann nur das Störende an diesem Kind und kritisieren, bestrafen oder verurteilen solches Verhalten. Meist ohne jeden Erfolg. Verhaltensauffällige Kinder brauchen Hilfe von Erwachsenen - schimpfen und strafen ändert nichts.

Wenn Sie schon alles probiert haben und nichts half, ist es sinnvoll, eine neutrale, außenstehende Person einzuschalten, die nicht unbedingt professionell ausgebildet zu sein braucht. Außenstehende sehen immer mehr als unmittelbar Betroffene - das wissen Sie aus eigener Erfahrung. In völlig festgefahrenen Situationen kann es sinnvoll sein, sich kompetente Hilfe durch Schulpsychologen, Familientherapeuten oder Erziehungsberater zu holen.

Wichtig zu wissen ist für alle Betroffenen, daß das problematische Verhalten immer Bestandteil eines Umfeldes ist und niemand dafür „die Schuld" hat. Vielmehr beeinflussen sich stets alle Beteiligten gegenseitig - und dies heißt auch, daß *jeder* in einer problematischen Situation die Fähigkeit hat, diese positiv zu beeinflussen. Dies ist nicht nur eine sehr hoffnungsvolle Sichtweise, die auf den Fähigkeiten eines jeden Menschen aufbaut. Sie hilft darüber hinaus auch, die Betroffenen in ein positives Licht zu stellen, das zur Problemlösung beiträgt, anstatt durch negative Etiketten Menschen abzustempeln und in Sackgassen abzuschieben.

Eltern, Erzieher und Lehrer können weder die Persönlichkeit eines Kindes ändern noch Ereignisse, die in der Vergangenheit stattgefunden haben, nachträglich beeinflussen. Was aber jeder tun kann, ist, im Hier und Jetzt nach den Verhaltenssweisen und Fähigkeiten zu fahnden, die sich positiv auswirken oder die zum Guten verändert werden können. Ich habe eine solche Herangehensweise an anderer Stelle als „Von der Problemhypnose zur Lösungstrance" beschrieben (vgl. Gisela Preuschoff, Streß laß nach! Was tun gegen Schulstreß? Anregungen [nicht nur] für GrundschullehrerInnen, Köln 1992, S. 91ff.).

Veränderungen beginnen immer im Kopf, bei unseren Gedanken und Sichtweisen, und es ist zu hoffen, daß mehr Menschen erkennen, wie sinnlos es ist, sich an Problemen festzubeißen, und wie wohltuend, Lösungen wachsen zu lassen. Eine wichtige Methode, die dieses Herangehen verdeutlicht, ist das Umdeuten. Sie beinhaltet, daß in jedem Verhalten eine gute Absicht oder ein „Weisheitskern" steckt.

Nehmen wir einmal an, ein Kind fällt durch seine Unruhe auf. So sehr uns diese auch nerven mag, ist sie doch ein Zeichen von Lebendigkeit und Offenheit: Das Kind zeigt offen, daß es Unsicherheit und Angst empfindet, daß es lebendig ist und bereit, zu wachsen und sich zu verändern. Ein vorlautes Kind hat wenig Angst, nimmt sich selber wichtig und ist spontan. Ein aggressives Kind zeigt Stärke und Mut und einen unbändigen Überlebenswillen.

Ich bin der Meinung, daß viele Kinder, die Verhaltensauffälligkeiten zeigen, in eine Sackgasse geraten sind, weil zu viele Erwachsene sie verurteilt, negativ bewertet und abgestempelt haben. Einmal in diese Situation gekommen, ist es schwer, eine neue positive Identität („Ich bin in Ordnung, so, wie ich bin") zu entwickeln. Dies ist es aber, wonach sich alle Menschen sehnen: So geliebt und angenommen zu werden, wie sie sind.

Weil aber auch wir Erwachsenen immer wieder diesen Mangel an Liebe und Anerkennung in uns spüren, fällt es uns so schwer, andere so anzunehmen, wie sie sind. Auf diese Weise wird ein Kreislauf sogenannter Verhaltensstörungen in Gang gehalten. Wenn Menschen aber eines Tages erkennen, daß hinter den meisten Problemen die Sehnsucht nach Liebe, Anerkennung und So-Sein-Dürfen steckt, kann sich vieles schnell ändern und Neues möglich werden.

Wenn Ihr Kind als verhaltensauffällig gilt, sollten Sie niemals den Glauben an seinen guten Kern verlieren und auch den Mut haben, dies auszusprechen. Professionelle Hilfe unter Einbeziehung aller Beteiligten kann sinnvoll sein, wenn nicht nach Schuldigen gesucht, sondern vorhandene Stärken und Fähigkeiten gefördert werden.

Erstunken und Erlogen

Als ich fast zehn und eben aufs Dorf gezogen war, erzählte ich meiner Freundin Pieke, die in der Stadt lebte, in der wir gemeinsam zur Schule gingen, Einzelheiten über mein Leben auf dem Lande: Ich hätte zwei Pferde und würde jeden Tag reiten, ich täte dies und das und könnte eine ganze Menge. Nichts von alledem stimmte. Die zwei Pferde waren lediglich die ausrangierten Akkergäule eines Bauern, die ich gern besuchte, die aber eines Tages verschwanden. Ich weiß nicht mehr, warum ich meiner Freundin das alles vorlog, vielleicht weil ich besonders interessant sein wollte oder weil ich schlecht in der Schule war und sie gut. Fest steht jedoch, daß ich ihr eines Tages unter großer Pein gestand, das nichts von alldem stimmte. Sie hat mir verziehen.

Kinder lügen, genau wie Erwachsene. Meistens steckt Angst dahinter. Die Angst, nicht gut genug zu sein, abgelehnt zu werden oder als unhöflich zu gelten. Beantworten Sie sich doch bitte selbst einmal die Frage, wann

Sie zuletzt gelogen haben. Vermutlich ist es noch gar nicht so lange her.

Wiener Lügenforscher haben herausgefunden, daß Menschen bis zu 200 mal am Tag lügen. Männer übrigens um 20% häufiger als Frauen (vgl. Struck S. 190). Nach einem Schulwechsel oder anderen von außen bestimmten Veränderungen geraten viele Kinder in eine Krise, die sie verunsichert und den Boden für mehr oder weniger harmlose Lügen bereitet.

Lügen hat aber auch etwas mit Sehnsucht, Traum und Fantasie zu tun. Und wenn Kinder dieselbe Lüge sehr oft wiederholen, glauben sie schließlich selbst daran.

Wachsen Kinder in einer Atmosphäre der Achtung und Akzeptanz auf, werden sie gern die Wahrheit sagen. Denn es lebt sich besser mit der Wahrheit als mit der Lüge.

Wenn Erwachsene Kindern vorleben, daß man letztendlich mit Lügen nicht weit kommt und Lügen das Leben nur scheinbar erleichtern, können Kinder die Wahrheit sagen. Übrigens haben Umfragen ergeben, daß die meisten Kinder Lügen prinzipiell ablehnen, aber zugleich Notlügen in Zwangslagen für sinnvoll halten (vgl Struck S. 191). Wichtiger, als sich über die Unwahrheit aufzuregen, ist es, herauszufinden, welche Bedingungen und Umstände ein Kind zum Lügen verführen:

- Es kann eine Traumwelt-Fantasie-Lüge sein, die kindlichem Wunschdenken und kindlicher Kreativität entspricht

- es kann eine Lüge aus Angst, nicht mehr geliebt und anerkannt zu werden, sein.

- es kann eine gezielte Lüge sein, die dem Kind Vorteile

verschafft. Hat es zu wenig Anerkennung und Zuwendung erhalten?

- die Lüge kann das Kind in ein besseres Licht rücken - vielleicht, weil es sich nicht angenommen und mit seinen „Mängeln" akzeptiert fühlt.

- die Lüge kann ein Versuch des Austestens sein, inwiefern es gelingt, die Eltern reinzulegen. Sie hat dann spielerischen Charakter und ist witzig gemeint.

Die wirksamste Methode gegen Lügen ist das Vorleben der eigenen Wahrhaftigkeit. Hieraus erfahren Kinder, daß es mutig ist, die Wahrheit zu sagen und außerdem gesünder und lebenstüchtiger.

Den eigenen Weg finden: Hobbys, Interessen, Leidenschaften

Ich war elf, als ich anfing, Cello zu spielen. Übrigens deshalb, weil meine Freundin Renate auch Unterricht bekam und so einen netten Lehrer hatte.

Nina war zehn, als sie Ballettunterricht nahm. Tanja fing mit neun an zu reiten. Jan ist seit seinem zehnten Geburtstag im Fußballverein, und Timo macht beim Judo einen Gurt nach dem anderen. Jakob spielt Wasserball, Anton trainiert Leichtathletik, Norman bekam mit zwölf seinen ersten Computer, Simon mit zehn Klavierunterricht.

Zwischen neun und zwölf bilden sich bei Kindern deutliche Vorlieben heraus, und nicht selten werden hier die Weichen für bleibende Interessen und Hobbys gestellt. Freunde spielen hierbei oft eine große Rolle, und das ist für die Eltern vielleicht nicht immer einfach zu akzeptieren. Wer sich jedoch an seine eigene Kindheit zurückerinnert, wird immer wieder feststellen, daß verordnete Maßnahmen nie lange erfolgreich sind und daß wir selber bestimmte Dinge gerade deshalb nicht ausprobierten, weil unsere Eltern so viel Wert darauf gelegt haben.

Was Eltern jedoch immer tun können, ist, ihren Kindern Anregungen zu geben. Nur wer schon einmal ein Konzert besucht hat, wird Lust bekommen, ein Instrument zu lernen. Und wer im Ballett war oder ein Tanz-

theater besuchte, wird vielleicht Lust bekommen, in dieser Richtung etwas auszuprobieren. Wenn alle seine besten Freunde Basketball spielen, wird Ihr Sohn wahrscheinlich wenig Lust auf Tennis haben, es sei denn er hat Boris Becker im Fernsehen gesehen. Schulaufführungen, Zirkusvorstellungen, Straßenmusikanten, Theater, Konzerte, gute Filme, Sportveranstaltungen und jede Menge Beispiele aus Ihrer näheren oder weiteren Umgebung bilden den Stoff, aus dem sich Ihr Kind seine eigenen Vorstellungen webt. Es reicht vollständig aus, seine Neigungen zu unterstützen und anzuregen.

Und wenn das Hobby zu teuer ist? Wenn Sie kein Klavier bezahlen können, tut es vielleicht auch ein geborgtes oder ein Keyboard. Wenn Einzelunterricht zu teuer ist, gibt es vielleicht auch die Möglichkeit, in einer Gruppe zu lernen. Manchmal kann das Kind vielleicht etwas vom Taschengeld dazugeben oder sich einen bestimmten Kurs zum Geburtstag wünschen. Wenn es sich um eine echte Leidenschaft handelt, wird es immer einen Weg geben, diesem Wunsch auch nachzukommen.

Was ist aber mit den Kindern, die zu „nichts" Lust haben? Ich glaube nicht, daß es das tatsächlich gibt. Jedes Kind interessiert sich für irgend etwas, nur finden die Erwachsenen diese Interessen oft nicht akzeptabel oder nicht „sinnvoll" genug und erkennen die dahinterliegenden Bedürfnisse nicht. Diese Kinder brauchen vielleicht noch längere Zeit, um zu spielen und Kind zu sein, um zu trödeln und zu träumen. Solange sie nicht völlig unkontrolliert mehrere Stunden vor dem Fernsehgerät oder dem Computer hocken, ist Langeweile prinzipiell kreativ. Irgendwann findet ein solches Kind vielleicht in einem guten Buch eine Idee, wünscht sich neue Buntstifte oder entwickelt durch eine Freundin eine ganz neue Leidenschaft.

Lassen Sie Ihrem Kind Zeit und nehmen Sie sich Zeit, ihm wirklich zuzuhören. Wenn es eine bestimmte Fernsehserie, die Sie blöd finden, unbedingt ansehen muß: Was steckt dahinter? Welche Bedürfnisse werden da ausgelebt? Warum ist gerade diese Sendung so bedeutsam? Wer sich Zeit zum Zuhören nimmt, wird immer etwas Wichtiges erfahren.

Andere Kinder interessieren sich vielleicht für „tausend Sachen", fangen „alles" an und machen „nichts" fertig. Hüten Sie sich vor Urteilen! Es ist nicht übertrieben zu behaupten, daß unsere Welt ein viel freundlicherer Ort wäre, wenn wir aufhörten, andere zu be- und verurteilen. Und das fängt in der Kindheit an. Ein Kind, das leicht zu begeistern ist und bisher nur wenig Durchhaltevermögen entwickelt hat, sammelt viele Erfahrungen und hat an vielem Interesse. Das ist durchaus positiv. Regeln wie: „bei diesem Hobby mußt du jetzt ein Jahr bleiben" oder „wenn du das auch noch ausprobieren willst, mußt du etwas von deinem Taschengeld dazugeben" können eine Orientierung erleichtern. Absprachen müssen ja auch sonst getroffen und immer wieder neu diskutiert werden. Schon dabei lernen Kinder viel.

Leselust und Schmökerstunden

Im Alter von 9-12 bilden sich „Leseratten" heraus. Durch den Erwerb der Lesefähigkeit tut sich Kindern eine neue Welt auf - vorausgesetzt, sie haben Bücher. Sie können jetzt nicht nur selbst bestimmen, was und wieviel sie lesen wollen, sie können auch Dinge durch Bücher erfahren, die durch niemanden sonst erfahrbar wären. Wenn genügend interessante Bücher im Haus sind oder wenn eine Bücherei in der Nähe ist, steht Ihrem Kind der Zugang zu Informationen aus aller Welt offen und es hat eine Auswahl an Geschichten, Romanen und Sachbüchern wie nie zuvor. Kein anderes Medium kann diese Fülle ersetzen. Es gibt heute fast nichts, worüber nicht ein Buch geschrieben wurde, und Kinder hatten wohl nie zuvor eine so große Auswahl an Literatur. Bücher können beeinflussen, entspannen, Orientierung vermitteln, lehren, informieren und unterhalten.

Kinder, die gern lesen, amüsieren sich nicht nur, sondern sammeln auch Erfahrungen, lernen und verbessern oft auch ihre Rechtschreibleistung und ihren sprachlichen Ausdruck. Eltern müssen ihnen nur den Zugang zu Büchern ermöglichen, die dem gegenwärtigen Bedürfnis und Interesse entsprechen. Dies kann durch Erwerb einer Lesekarte in der Stadtbücherei geschehen, durch Nutzung der Schulbibliothek, durch Buchgeschenke, Buchtausch mit Freunden oder eigene Bücher.

In der Regel suchen sich Kinder die Bücher, die sie

interessieren, selber aus. Oft legen Kinder auch Bücher wieder beiseite, weil sie im Moment nicht das richtige sind, weil ihnen das Thema nicht zusagt oder der Stil nicht gefällt. Das machen Erwachsene ja genauso - und das ist ja auch das Schöne an diesem Medium: Man kann es zuklappen und beiseite legen und später darauf zurückkommen oder für Jahre wegstellen.

Dieter Baacke schreibt: „Wenn es aber stimmt, daß der wesentliche Lernprozeß darin besteht, überlieferte kulturelle Weltbestände und Deutungsmuster im Austausch mit anderen Menschen sich anzueignen, um so die soziale Welt zu konstruieren, die wir Lebenswelt, konkrete Wirklichkeit, Erfahrungsraum nennen, dann sind Bücher auch heute noch unentbehrliche Anreger für diesen Austauschprozeß. (Baacke S. 255)

Und er führt weiter aus, daß sich viele Kinder heute in als eintönig empfundene Tagesabläufe fügen müssen und in einer Welt standardisierten Konsumangebots leben. In einer solchen Welt, so Baacke, „kann das Ich sich in seiner Würde nur behaupten, wenn es vorhandene Weltbestände und eigene Vorstellungen und Entwürfe sich aneinanderreihen läßt." Durch Bücher kann ein Kind in einer Zeit gleichgeschalteter und massenweise produzierter Lebensläufe sich individuell orientieren und eigene Vorstellungen und Werte entwickeln.

Wie aber bringt man Kindern das Lesen nahe?

Vor allem durch eine familieneigene Lesekultur. Kinder müssen erleben, daß Bücher nützlich und hilfreich sind, daß man sich zum Lesen zurückziehen und Schönes und Lustiges, Trauriges und Spannendes, ja Ergreifendes erleben darf. Als besonders wohltuend empfinde ich abendliche Vorlesestunden, die auch Kindern gefallen, die schon längst selber lesen können. Hierdurch werden gemeinsame Erlebnisse geschaffen, die dennoch jedem die Möglichkeit zu eigenen inneren Bildern und Werten geben, Gemeinsamkeit fördern und doch Individualität zulassen. Kinder, die nicht gern lesen mögen, hören vielleicht dennoch gern zu und kommen später dann doch auf die Idee, zum Buch zu greifen.

Zeitschriften und Comics

Obwohl ich Comics bis heute nicht mag, haben mich meine Söhne durch Argumente, Referate und Jahresarbeiten zu diesem Thema davon überzeugt, daß es sich hierbei um eine eigene Kunstrichtung handelt. Die meisten Kinder lieben Comics und warum sollten sie nicht ab und zu welche lesen? Wenn sie die Qualität guter Kinderliteratur kennengelernt und genossen haben, werden Comics weder den Charakter verderben noch den Sprachstil einschränken.

Außerdem haben ja fast alle Kinder Taschengeld, über das sie frei verfügen dürfen. Gerade weil es heute so viele Medien gibt, die Kinder äußerst interessant finden, halte ich abendliche Vorlesestunden für so wichtig - genauso wie Literaturlesungen für Kinder, Theaterbesuche und gute Filme. Ein Kind sollte zumindest einen Einblick in die Fülle der Möglichkeiten gefunden haben, bevor es sich auf ein Medium festlegt.

Je mehr sich eigene Interessen entwickeln, desto heftiger wird auch der Wunsch nach speziellen Zeitungen und Zeitschriften, die nicht nur die Zugehörigkeit zu einer Gruppe unterstreichen, sondern auch spezifische Informationen liefern und Gefühle befriedigen. Vor allem ermöglichen sie das Mitreden in der Gruppe, was jetzt für viele Kinder so wichtig ist. Ich finde, solche Zeitschriften müssen Kinder sich selber kaufen und aussuchen, darin steckt auch gerade ihr Reiz.

Empfehlen kann man Kindern auch die Zeitschriften *„Treff"* und *„Samsolidam"* (Erscheinungsorte und Adressen finden Sie bei den Literaturhinweisen am Schluß), die öfter über Inhalte berichten, die andere verschweigen, wie Armut in der dritten Welt, Umweltschutz u.a.

Sich für eine gute Sache engagieren

Wie ich im ersten Teil dieses Buches schon ausgeführt habe, begreifen Kinder zwischen neun und zwölf sehr deutlich, daß unsere Welt nicht heil ist. Sie wissen, daß Menschen bewußt Leben vernichten, für ihre Bequemlichkeit über Leichen gehen und die eigenen Lebensgrundlagen skrupellos zerstören. Dies macht über 70% aller Kinder schreckliche Angst. Wenn sie Eltern haben, die sie ermutigen, sich zu engagieren und dies selber auch vorleben, kann ihnen viel Angst genommen werden. Kinder können dann erfahren, daß wir nicht ohnmächtig sind und viele kleine Menschen an vielen kleinen Orten die Welt verändern können.

Manche Kinder bekommen in diesem Alter Lust, sich einer Gruppe anzuschließen oder selber eine zu gründen - vielleicht mit Hilfe einer Naturschutzorganisation oder Greenpeace. Es tut Kindern ungeheuer gut, wenn sie in solchen Sachen von ihren Eltern unterstützt werden.

Leider machen viele Kinder die umgekehrte Erfahrung. „Ich kleines Mädchen denke darüber nach und tue auch meinen Anteil zum Umweltschutz. Und die Großen, die am Hebel sitzen, die tun nichts", zitiert Horst Eberhard Richter eine Teilnehmerin am Wettbewerb über Zukunft und Zukunftsangst (Horst Eberhard Richter, Umgang mit Angst, Hamburg 1992 S. 281). Und eine andere Teilnehmerin hat ihm geschrieben: „Ich muß der Mutter beibringen, daß sie ein unschädliches Waschmittel und daß sie Papiertüten zum Einkauf nimmt.

Hätte ich nicht dafür gesorgt, würde sie immer noch gebleichte Kaffeefilter statt Umweltpapier benutzen. Meinen Eltern ist es egal, was sie essen und ob darin irgendwelche Schadstoffe oder Chemikalien sind." (ebenda)

Im Alter von neun bis zwölf setzen sich Kinder oft leidenschaftlich und spontan für notleidende Tiere und Pflanzen, für Gerechtigkeit und gegen Krieg und Armut ein. Sie brauchen dann Erwachsene, die Ihnen Mut machen und helfen, etwas Erfolgreiches zu tun. Das kann auch in der Schule, einer Jugendgruppe oder in der Kirchengemeinde geschehen.

Adressen von Umweltschutzorganisationen finden Sie im Anhang.

Allein verreisen

Viele Kinder und natürlich auch Eltern haben Lust, nach Jahren gemeinsamer Ferien auch mal (wieder) allein zu verreisen. Die Kinder, weil es ihnen mit den Eltern zu langweilig wird und sie oft schon gezielte Interessen haben wie Reiten, Tauchen oder Fußballspielen, die Eltern, weil sie sich von ihren Kindern erholen und eigene Bedürfnisse verwirklichen wollen.

Es gibt eine Reihe von Organisationen, die Reisen mit Kindern veranstalten so z.B. die Pfadfinder, die Falken oder die Naturfreunde bzw. die Naturfreundejugend, kirchliche Gruppen oder Sportjugendorganisationen.

Daneben gibt es auch kommerzielle Reiseveranstalter und sehr viele Ponyhöfe, die spezielle Reiterferien anbieten.

Ab wann ein Kind so eine Reise gut verkraftet und genießt, läßt sich natürlich nicht allgemein beantworten. Und was dem einen Kind gut gefällt, ist für das andere fürchterlich. Natürlich hängt es auch von den Reiseveranstaltern und ein bißchen auch von den Eltern ab. Manche Eltern können sich schwer von ihren Kindern trennen, andere haben gerade große persönliche Probleme, die das Kind spürt. Oft wollen Kinder dann bei den Eltern bleiben, in der Hoffnung, sie aufmuntern zu können.

Andere Kinder wollen sich nicht von den Eltern trennen, weil sie einfach noch nicht so weit sind und es ihnen schwer fällt, Kontakte zu knüpfen. Es kann auch passieren, daß manche Reiseveranstalter wenig begabte Erzieher oder untalentierte Hilfskräfte eingestellt haben – und dies läßt sich auch im Voraus schwer abklären. Immer läßt sich jedoch mit dem Kind besprechen, was es in so einem Fall tun könnte: sich höflich beschweren, zu Hause anrufen, einen Brief schreiben oder es einfach aushalten – am besten gemeinsam mit Freund oder Freundin. Viele Kinder lassen sich aber auch gern auf neue Erfahrungen ein und verkraften diese in der Regel auch gut – wenn es sich z.B. um Wecken

mit der Wasserpistole, Nachtwanderungen oder andere ungewohnte Aktivitäten handelt.

Insbesondere Mädchen sehnen sich nach Ferien mit Pferden. Wenn man die Prospekte miteinander vergleicht, werden Unterschiede deutlich und in der Regel werden Eltern selber einschätzen können, was für ihr Kind geeignet ist.

Solche Reiterferien können ja auch im Umkreis des Wohnortes liegen, so daß man die Möglichkeit hat, sich vorher alles anzusehen und auch die Menschen dort kennenzulernen.

Kinderreiche Familien können sich beim Jugend- oder Sozialamt nach Reisen für ihre Kinder oder die ganze Familie erkundigen. Hierfür gibt es oft Zuschüsse.

Reiterferien ermitteln Sie am besten über Pferdezeitschriften, z.B.
Freizeit im Sattel,
Droste Hülshoffstr. 3,
53129 Bonn

Andere Reisen über
Arbeitskreis moderne Kinderreisen e.V.,
Ackerstr. 15,
1o115 Berlin

oder
Das Reisenetz e.V.,
Käthe Niederkirchner-Str 6,
10407 Berlin

Mit neun an den Computer?

Eine großangelegte Befragung unter Sieben- bis Fünfzehnjährigen hat Anfang der neunziger Jahre ergeben, daß dieser Altersgruppe jährlich 4 Milliarden Mark zur Verfügung stehen. Anregungen dazu, was sie mit diesem Geld anfangen sollen, erhalten die Kinder und Jugendlichen aus der Werbung, die zu ihrer alltäglichen Lebenswelt gehört. Kinder entscheiden heute weitgehend selbständig, wieviel sie wofür ausgeben wollen, und sie verfügen über ein ausgeprägtes Markenbewußtsein - nicht nur in bezug auf Spielzeug und Kleidung, sondern auch in bezug auf elektronische Medien wie Stereoanlagen, Fernseher und Computer. 24% der repräsentativ befragten SchülerInnen besitzen einen eigenen Computer und nicht selten mehr Kenntnisse über Qualität und Bedienung als ihre Eltern.

Andere Väter oder Mütter führen ihre Kinder ganz bewußt an den Computer heran, erklären den Umgang und kaufen ihren Kindern bestimmte für kindgerecht gehaltene Programme. Die Arbeitsgeräte und Hilfsmittel der Eltern lassen sich vor Kindern nicht verstecken, aber wieviel Zeit Kinder an elektronischen Geräten verbringen und was sie dort genau tun, können Eltern schon beeinflussen.

Computer sind weder Teufelskram noch Wunderwerk, sondern alltägliches Arbeitsgerät, das die Zukunft unserer Kinder mit beeinflußt. Berücksichtigen sollten Eltern jedoch auch, daß Kinder viele Dinge lernen müssen, die Erwachsene längst können, und daß sie vor allem körperbezogen lernen und sich bewegen müssen, weil ihre gesunde Entwicklung an körperliche Aktivitäten gebunden ist. So können Kinder zwar am Computer rechnen lernen, was eine Zahl ist, begreifen sie

jedoch nur, wenn sie mit konkreten Mengen wie zehn Kastanien, drei Messer etc. umgehen lernten.

Im Alter von neun hat sich das Denken in vielen Bereichen schon von der konkret handlungsorientierten Ebene auf die abstrakt-logische entwickelt, konkrete Anschauung ist nicht mehr in allen Bereichen nötig. Deshalb üben Geräte wie Computer auch einen besonderen Reiz aus, zumal jeder Lern- oder Spielerfolg sofort belohnt wird. Es macht einfach Spaß, Labyrinthe zu durchwandern, Männchen zu jagen oder Schätze zu suchen, selbständig Entscheidungen zu treffen und ab und zu Erfolg zu haben, der weiterbringt.

Dennoch sollten Eltern die Zeit, die das Kind vor dem Bildschirm verbringt, beschränken und nicht in der Annahme fördern, sie würde ihr Kind besonders intelligent machen. Es ist weit aus gesünder und bleibt auch viel länger im Gedächtnis haften, einen echten Bauernhof zu besuchen, als ein Computerprogramm über Bauernhoftiere zu absolvieren! Es bringt mehr, mit Eltern, Freunden und Geschwistern ein Spiel zu spielen, als allein vor dem Bildschirm mit einem Computerspiel zu sitzen.

Kinder sind von dem Medium oft so fasziniert, daß sie den Knopf zum Ausschalten nicht finden - und hierbei sollten Erwachsene ihnen mit klaren Regeln helfen. Einsame Kinder in einer anregungsarmen Umwelt, die wenig Möglichkeiten zu Bewegungsspielen und Sport haben, z.B. weil die Wohnung zu klein ist und die Straßen zu gefährlich sind, laufen Gefahr, „süchtig" zu werden, zumal der Computer das übernimmt, was diese Kinder sich so wünschen: Lob, Anerkennung und Unterstützung.

Computer sind Hilfsmittel, die unser Leben in dramatischer Weise verändern - oft ohne daß wir das merken oder beeinflussen können. Sie werden jedoch menschliche Fähigkeiten wie körperliche Zuwendung, Kreativität und Spontaneität nie völlig ersetzen können. Deshalb sollten Eltern, die selber keinen Computer benötigen, den Kauf eines solchen Gerätes im Lebenslauf ihres Kindes besser hinausschieben, z.B. auf die Zeit, wenn der Sohn es sich selber erspart hat. Und in jedem Fall sollten Eltern dann auch über sinnvolle Regeln diskutieren.

Versäumen tun Kinder gewiß nichts, wenn sie zwischen neun und zwölf noch keinen Computer besitzen, und den Umgang lernen sie bei tatsächlichem Bedarf sehr schnell.

Letztendlich gilt es bei dieser wie bei allen anderen Entscheidungen immer wieder, die eigenen Werte zu überprüfen. Wenn Sie als Eltern wissen, was Ihnen im Zusammenleben mit Ihren Kindern wirklich wichtig ist, werden Sie auch die richtigen Entscheidungen treffen und sich in der Diskussion mit Ihren Kindern immer wieder fragen, ob diese Entscheidungen noch sinnvoll sind. Bei derartigen Diskussionen können Kinder und Eltern nach meinen Erfahrungen gleichermaßen lernen.

Aufwachsen mit dem PC?

Nach Untersuchungen des Münchner Instituts für Jugendfragen besitzen gegenwärtig 57 % der Sechs- bis Zwölfjährigen und 64 % der Zwölf- bis Vierzehnjährigen einen PC bzw. leben in einem Haushalt, in dem ein PC steht. Die Münchner Jugendforscher reden von der „2. User-Generation" und haben herausgefunden, daß gerade in Familien mit „hohem Bildungsniveau" häufig PCs vorhanden sind. Die Mitarbeiter des Instituts halten es aufgrund ihrer Befragungen nicht für sinnvoll, den Computer zu verteufeln oder von Kindern fernzuhalten. Er sei aus der Lebenswelt der Kinder nicht mehr wegzudenken und müsse sinnvoll in die Erziehung einbezogen werden. Da vielen Eltern jedoch das nötige Geld und auch das Wissen fehle, seien die Schulen gefordert.

Genauso wie Kinder den vernünftigen Umgang mit Medien lernen müssen, sei es an

der Zeit, ihnen den Umgang mit einem Computer beizubringen.

Zit. nach: Psychologie heute, Mai 1996, S. 12

Fernsehen

Neunjährige Kinder besitzen oft schon einen eigene Fernseher, den meisten wäre ein eigenes Tier jedoch viel lieber. Es stimmt auch nicht unbedingt, daß Kinder fernsehen wollen - es ist vielmehr so, daß sie oft nicht wissen, was sie sonst tun könnten. Dauerfernseher sind Kinder, die nichts mit sich anzufangen wissen und denen keine Erwachsenen zur Seite stehen, um ihnen zu helfen, eigene Interessen und Ideen zu entwickeln.

Es ist einfach fernzusehen und es ist faszinierend. Gerade deshalb ist es für Kinder auf Dauer so schädlich: Sie verlernen, selber Wege aus ihrer Langeweile zu finden, selber etwas auszuprobieren, selber etwas herauszufinden und zu riskieren, sich für etwas anzustrengen und sich dadurch Erfolgserlebnisse zu verschaffen, daß sie selbst etwas zustande gebracht haben. Selbstwertgefühl entsteht durch die Erfahrung, etwas Sinnvolles leisten zu können. Fernsehen verhilft einem nicht dazu. Aber es ist für Eltern und Kinder bequem so ein Gerät zu haben. Wenn keine Regeln dafür aufgestellt werden, hilft es, Konflikte zu vermeiden und verhindert, sich im Umgang miteinander etwas einfallen zu lassen. Daß dabei vieles verkümmert, was Menschen wichtig ist, wird besonders von Vätern häufig übersehen.

Ich möchte hier wirklich keine Regeln im Umgang mit dem Fernseher entwickeln - das muß jede Familie selber tun. Was ich jedoch nicht unterstütze, sind Jammereien von Eltern, die meinen, ihre Kinder würden zu viel fernsehen und sie könnten nichts dagegen tun. Jedes Gerät hat einen Knopf zum Ausschalten, und allen Eltern es ist im Prinzip möglich, über Erwerb und Bedienung eines solchen Teils zu bestimmen. Wenn sich Konflikte ums Fernsehen ergeben, empfehle ich die Möglichkeiten zur Konfliktlösung, die ich im nächsten Kapitel vorschlage.

Ich möchte außerdem daran erinnern, daß Kinder vor allem am Modell lernen. Wenn der Vater oder die Mutter selber viele Stunden vor dem Fernseher verbringen, wird das für das Kind ein Vorbild sein. Wenn Eltern ihren Kindern vorleben, was man statt fernsehen noch tun kann, werden sie diese Vorschläge dankbar aufgreifen: Malen, schwimmen, spielen, radfahren, lesen...

Beachtenswert finde ich auch, daß Kinder zwischen neun und zwölf äußerst sensible Beobachter sind: Sie wundern sich, wenn in der Familienserie andere Probleme existieren als zu Hause; sie denken darüber nach, warum ein Haus explodiert ist, warum Krieg ist, warum Eltern sich streiten oder Menschen sich umbringen. Die Flut von Informationen, die durch viel fernsehen auf Kinder hereinstürzt, ist weder zu verarbeiten noch zu bewältigen - sie macht schlicht Angst.

Meistens haben Kinder dann niemanden, mit dem sie sich über ihre Angst austauschen können. Oft erleben sie die eigenen Eltern als hilflos und unfähig, etwas zu sagen. Das ist schlimm und läßt die Angst noch größer werden. Hieraus ergiben sich Unruhe und Nervosität, aber auch Aggressivität, die eine Möglichkeit ist, mit der Angst leben zu lernen. Was viele Erzieher den Kindern von heute vorwerfen, sind schlichte Überlebenstaktiken in einer Welt, die ihnen von Erwachsenen aufbereitet wird.

Wie ich im ersten Kapitel ausgeführt habe, ist Kindheit heuzutage nicht einfach, ja sie ist als Schutzzone kaum noch existent. Wenn Eltern ihren Kindern helfen wollen, in heutiger Zeit zu überleben, tun sie gut daran, ihnen mit Zeit und Gespräch zur Seite zu stehen. Auch über das Fernsehen.

Und wenn Eltern merken, daß ihre Kinder zu viel und unkontrolliert fernsehen, sollten sie auch darüber reden und neue Regeln aufstellen. Zum Beispiel Sendungen auswählen, über Sendungen diskutieren, zeitliche Einschränkungen auferlegen und gemeinsam überlegen, was es statt fernsehen sonst noch zu tun gäbe.

Chaos im Kinderzimmer oder der ewige Kampf ums Aufräumen

Konnten Sie auch beobachten, daß es ordentliche und unordentliche Menschen einfach gibt? Daß Chaos manch einen in Verzweiflung treibt und einem anderen als natürlicher Zustand erscheint? Und daß Erziehung diesem Phänomen machtlos gegenübersteht?

Mein Freund Hermann Krekeler beschreibt das so: „Immer wenn (im Internat) eine Kontrolle von Schrank oder Zimmer bevorstand, unternahm ich das Nötigste, um einen guten Eindruck zu erwecken. Meinen Schrank hätte Potemkin nicht schöner herrichten können. Hinter der Fassade sorgfältig geschichteter Pullover regierte das Chaos vereinzelter Socken, dreckiger Wäsche und allerlei Zeugs, das im Kleiderschrank gewöhnlich nichts zu suchen hat. Schlimmer noch war es mit dem Bett. Bis heute ist es mir ein Rätsel, wie es mir gelang, unter der glattgestrichenen Tagesdecke eine solche Menge von Kleidungsstücken, Schuhen, Instrumenten, Büchern und Spielkrams zu verbergen. In dem Krams habe ich auch geschlafen. Ordnung in meinen Sachen zu halten, habe ich im Internat nicht gelernt. Die meisten anderen Schüler übrigens auch nicht. Soweit ich mich erinnere, sind sie allesamt in ihrer Internatszeit genauso ordentlich oder unordentlich geblieben, wie sie es vorher schon waren. Schon damals hatte ich den Verdacht, daß mir und meinen unordentlichen Mitschülern durch pädagogische

Maßnahmen nicht beizukommen sei. Ist der äußere Druck groß genug, beugt man sich dem vielleicht. Sobald aber nicht länger ernsthafte Konsequenzen drohen, fällt man in seine alte Schlamperei zurück." (Hermann Krekeler, in: spielen und lernen, März 1996, S. 21/22)

Dies kann ich aus ganzem Herzen bestätigen. Ich war ein unordentliches Kind und bin eine unordentliche Erwachsene. Und obwohl ich manchmal, wenn das Chaos auf meinem Schreibtisch undurchdringlich zu werden droht und ich gleichzeitig viel Zeit habe, was so gut wie nie vorkommt, sogar gern aufräume, sieht es nach wenigen Tagen schon wieder genauso unordentlich aus.

Gregory Bateson, einer der philosophischen Begründer systemischer Therapie, beantwortete die Frage seiner kleinen Tochter, warum denn die Dinge so schnell in Unordnung geraten, einmal so: Es gibt nur sehr wenige Arten, sie „ordentlich" wegzustellen, aber unendlich viele, sie unordentlich zu machen.

Vater: „Es gibt nur eine Möglichkeit, DONALD zu buchstabieren. Einverstanden?"

Tochter: „Ja".

Vater: „Also gut. Und es gibt Millionen über Millionen Möglichkeiten, sechs Buchstaben über den Tisch zu verstreuen. Ja?" (Bateson, Ökologie des Geistes, Frankfurt 1983)

Von diesen Millionen und Abermillionen Möglichkeiten wird in meiner Familie auch immer wieder Gebrauch gemacht. Und der Riß zwischen Ordnungsfanatikern und Schlampern zieht sich dramatischerweise quer durch die Familie - ja, quer durchs Ehebett. Mein Mann und mein ältester Sohn leiden körperlich unter

dem Chaos, das in bestimmten Zimmern herrscht und von Axel Hacke einmal als "Ursuppe aus Legosteinen" und vielen anderen Dingen beschrieben wurde.

Und kann man denn gar nichts dagegen tun? Doch!

Wenn ordentliche und unordentliche Menschen zusammenwohnen, gibt es immer wieder Konflikte und die müssen besprochen werden. Eine Familienkonferenz nach Gordon hat sich auch in unserer Familie bewährt.

Neun- bis zwölfjährige Kinder können Unordnung schon erfolgreich bekämpfen, wenn sie wollen. Und in unserer Familie darf jeder über sein Zimmer selbst bestimmen. Anreize, aufzuräumen und schön zu gestalten, nimmt jedes Kind gern an: Ein Pappschubladensystem für Kleinkram, Gurkengläser für Haargummis und Zopfspangen, kleine Figuren und herumliegende Teile, Topfpflanzen als lebendige Mitbewohner, ein neuer Schrank oder ein neuer Anstrich gefallen wohl jedem.

Behutsam wird man das Kind auch anregen können, bestimmte Spielsachen, aus denen es herausgewachsen ist, auszusortieren. Gemeinsam kann überlegt werden, was damit geschehen soll: Vererben, verschenken, ausleihen oder verkaufen? Oder auf dem Boden in einer Kiste für spätere Erben aufbewahren? Der so gewonnene Platz schafft Raum für neue Ordnung und die Entwicklung neuer Interessen und Bedürfnisse.

Christiane bringt ihren Kindern, wenn sie ihr Zimmer schön aufgeräumt haben, am Wochenende eine Kleinigkeit fürs Zimmer vom Großeinkauf mit: Eine Pflanze oder einen Übertopf, einen Papierkorb oder einen kleinen Flickenteppich. Und bis ins „hohe Alter" beliebt ist in meiner Familie das Spiel „König und Diener". Hierbei wechseln die Rollen im 5-Minuten-Rhythmus, der König erteilt dem Diener Befehle, die dieser unverzüglich auszuführen hat. Auf diese Weise verschwinden gestapelte Kakaotassen in der Spülmaschine, werden Bilderbücher sortiert und Bausteine eingesammelt, Kuscheltiere plaziert und Puppen zu Bett gebracht, Dreckwäsche an ihren Platz geräumt und Kassetten eingeordnet.

Zum Schluß möchte ich noch einmal Hermann Krekeler zu Wort kommen lassen. „Manchmal denke ich, wir mischen uns zu oft ein. Ohne es zu wollen, verhindern wir, daß sich die Kinder direkt mit den Anforderungen des Lebens auseinandersetzen. Wir schieben uns gewissermaßen zwischen das Kind und die Sachen, um die es eigentlich geht. Wenn wir unsere Kinder unentwegt zur Ordnung mahnen, müssen sie das Gefühl bekommen, Ordnung sei eine Erfindung oder ein Hobby von uns, nicht etwas, das mit ihrer eigenen Lebensorganisation zu tun hat. Wenn ein Kind schließlich den Mahnungen folgt, dann meist deshalb, weil ihm das Gezeter von Mutter oder Vater auf die Nerven geht und nicht, weil es erfahren hat, daß es sich mit einer gewissen Ordnung das Leben erleichtern kann." (a.a.O., S.23)

Konflikte lösen - aber wie?

Im Zusammenleben mit Kindern kommt es immer wieder zu Konflikten. Jede Familie kann lernen, diese gewaltfrei und zur gegenseitigen Zufriedenheit zu lösen, wenn bestimmte Regeln beachtet und von den Erwachsenen vorbildlich eingehalten werden.

Da die meisten von uns solche Konflikte weder in der Schule noch im Elternhaus zu lösen gelernt haben, erfordert es einige Übung und Erfahrung - und auch ein bißchen Selbstbeherrschung, bis diese Methoden erfolgreich angewandt werden können. Wir sind alle auf der Welt, um Fehler zu machen. Nur so lernen wir auch.

Es empfiehlt sich, das Konfliktlösen an einfachen alltäglichen Begebenheiten zu üben, dann ist man auf große Konflikte gut vorbereitet. Diskutieren Sie also erst einmal, wer morgens die Brötchen holt, bevor es darum geht, wem das Sorgerecht für die Kinder zusteht oder ab wann ihre Tochter allein zu einer Party darf.

Den richtigen Zeitpunkt wählen

Lassen Sie nie zuviel Konfliktstoff ungelöst liegen, sondern packen Sie die Probleme möglichst schnell auf den Tisch. Zur gemeinsamen Besprechung mit allen Beteiligten wählen Sie einen günstigen Zeitpunkt. Alle sollten viel Zeit und gute Laune mitbringen, zumindest ausgeschlafen sein. Also z.B. sonntags vor dem Mittagessen.

Wenn die Sache unter den Nägeln brennt, können Sie vorher schon sagen, um was es geht, also z.B." Ich kann nicht mehr mit ansehen, wie schlampig Ihr das Bad putzt. Laßt uns am Sonntag darüber reden." Ganz dringende Angelegenheiten müssen natürlich sofort besprochen werden - dafür muß dann vielleicht auch einmal ein wichtiger Termin abgesagt werden.

Die eigene Betroffenheit ausdrücken

Wenn sich alle zusammengefunden haben, sollte jeder die Möglichkeit haben, seine Kritik am Bestehenden auszudrücken. Wenn sich viel angesammelt hat oder so eine Methode zum ersten Mal durchgeführt wird, empfiehlt sich die schriftliche Form: Jeder bekommt einen Zettel und schreibt auf, was ihm nicht paßt.

Die schriftliche Form ist auch dann angebracht, wenn besonders schüchterne Personen dabei sind oder Vielredner. So hat jeder die Chance, seine Sache loszuwerden.

Zu beachten ist unbedingt, daß jeder von sich selbst spricht, ohne andere anzuklagen oder ihnen etwas vorzuwerfen. Also z.B. „Mir ist aufgefallen, daß die Waschbecken nicht richtig sauber sind. Das stört mich und dafür möchte ich nicht bezahlen", anstatt: „Nie putzt ihr die Waschbecken richtig!"

Verallgemeinerungen mit „nie", „immer" und „keiner" sollten ohnehin unbedingt vermieden werden. Auch der Schnee von gestern und vorgestern interessiert nicht. Jeder sollte von hier und heute reden.

Wichtig ist auch, das Verhalten einer Person stets von ihr selbst zu trennen. Sagen Sie bitte niemals: „Du bist faul!" Sondern lieber: „Ich finde das nicht in Ordnung, wie du dich verhältst." Lassen Sie Ihr Kind oder Ihren Partner immer spüren, daß er oder sie als Mensch in Ordnung und liebenswert ist - auch wenn Ihnen das jeweilige Verhalten auf den Geist geht.

Menschen können sich falsch verhalten, andere ärgern oder sonst etwas tun, was Sie stört - sie bleiben deshalb trotzdem als Menschen in Ordnung. Das ist so wichtig und wird leider viel zu wenig beachtet! Kinder fühlen sich durch derartige Pauschalurteile oft zutiefst verletzt und erinnern sich noch Jahrzehnte später an bestimmte Bemerkungen ihrer Eltern. Das kann ich nicht nur als Therapeutin, sondern auch aus eigenen Erfahrungen bestätigen.

Bedürfnisse und Gefühle benennen

Hinter vorgetragener Kritik stecken häufig versteckte Bedürfnisse und Gefühle. Vielleicht ist das dem einzelnen gar nicht bewußt, vielleicht traut er sich auch nicht, das einzugestehen. Wenn die Tochter kritisiert, sie wolle keine Bekleidungsvorschriften erhalten, steckt vielleicht dahinter, daß sie sich nicht altersgemäß behandelt fühlt. Eigentlich würde sie vielleicht gern mit ihrer Mutter über Bekleidung und Mode reden, dabei jedoch nicht bevormundet, sondern beraten werden. Sie hat vielleicht das Bedürfnis nach Beachtung ihrer Persönlichkeit und nach Anerkennung ihrer Fähigkeiten. Sie kann sich verletzt und mißachtet fühlen, und es wäre gut, wenn sie eines Tages lernen würde, dies offen auszusprechen.

Ein Vater, der von der Arbeit kommend gleich lospoltert bzw. sich an irgendeiner Banalität wie z.B. nicht weggestellten Turnschuhen festbeißt, hat wahrscheinlich das Bedürfnis nach einer Ruhepause oder nach Anerkennung für das, was er über Tag geleistet hat. Vielleicht hat er das Gefühl, ständig in seinen Rechten mißachtet zu werden.

Beim Streit um die nicht aufgerollte Zahnpastatube geht es meist um ganz andere Dinge, und wenn Außenstehende sich wundern, wie man sich um solche Kleinigkeiten so streiten kann, vergessen sie eben oft, daß dahinter Bedürfnisse und Gefühle stehen, die verletzt wurden. Deswegen ist es so überaus wichtig herauszufinden, was hinter der vorgetragenen Kritik vielleicht verborgen liegt.

Erwachsene können das, wenn sie es auch oft noch lernen müssen. Kinder können das nicht. Jedenfalls nicht immer. Meistens nehmen sie Kritik persönlich und fühlen sich als schlechte, minderwertige Menschen. Eben klein und hilflos. Übrigens auch, wenn sie dabei rotzfrech sind.

Umgekehrt habe ich bei vielen Müttern beobachtet, daß sie sich über Verhaltensweisen aufregen und dabei eigentlich ihre eigene Unzufriedenheit z.B. mit ihrer Hausfrauentätigkeit oder ihre Überforderung oder das Gefühl des Alleingelassenseins meinen. Wenn Sie es in Ihrer Familie schaffen, offen über solche Gefühle und Bedürfnisse zu reden, haben Sie den größten Teil Ihrer Schwierigkeiten schon bewältigt.

Immer bist du ungerecht!

Bei Familie Lehmann kommt es allabendlich zu dem gleichen Konflikt. Wenn der strapazierte Papa abends nach Hause kommt, wollen Lena 5, Sascha 9 und Oliver 11 ihre Tageserlebnisse erzählen. Und weil sie alle durcheinanderreden und alle gleichzeitig auf Papas Schoß wollen, gibt es regelmäßig Zoff, der damit endet, daß Herr Lehmann zu brüllen anfängt, daß er kein Wort verstehe, und eines der Kinder, meist Sascha, heult, daß der Papa ungerecht sei.

Aber was ist eigentlich gerecht in einer Familie? Gleiche Redezeit für alle? Auslosen der Reihenfolge? Sollen die Kleinsten immer zuerst drankommen? Und was steckt eigentlich hinter der ständigen Angst, zu kurz zu kommen und nicht genug zu kriegen? Warum ständig kleine Eifersüchteleien und die Furcht, der andere könnte mehr bekommen als man selbst?

Ein Grund liegt in der existentiellen Angst, nicht genug geliebt zu werden. Jedes Kind hat immer wieder Phasen, in denen es glaubt, nicht gut genug zu sein und von den Eltern zu wenig Liebe zu bekommen. Vor allem Kinder mit mehreren Geschwistern müssen glauben, die Liebe der Eltern reiche nicht für alle - zumindest nicht für sie selbst, denen man die Geschwister ungefragt vor die Nase gesetzt hat.

„Entthronungs-Schock" wird es genannt, wenn ein zweites Kind geboren wird, und viele Erwachsene leiden noch heute darunter, auch wenn sie es nicht zugeben wollen. Es ist nicht übertrieben zu behaupten, daß das Gefühl von Mangel eine Hauptursache für vieles Leid ist. Neben dem Mangel an Nahrung, der ja in unseren Breiten weniger existiert, ist es das Gefühl, nicht genug oder gar nicht geliebt zu werden, das Zündstoff für viele Probleme und Konflikte und für Leid ist. Dabei ist es gar nicht so wesentlich, ob dieser Mangel tatsächlich existiert oder ob das der oder die Betroffene „nur" so empfindet. In Gefühlsdingen zählt allein das subjektive Erleben, nicht der Verstand. Und Liebe läßt sich nicht in Gramm oder Metern

abmessen und auch nicht mit Worten ausdrücken. Zählen tut allein das konkrete Verhalten- und das ist interpretierbar. Wen hat Mama zuerst auf den Schoß genommen? Wie hat Papa geguckt, als er von der fünf in Englisch erfuhr? Wem wurde übers Haar gestreichelt und bei wem wurde die Stirn gerunzelt?

Wenn Sie sich an Ihre eigene Kindheit zurückerinnern, werden Sie feststellen, wie sehr sich Ihre eigenen Wahrnehmungen in vielem von denen Ihrer Eltern und Geschwister unterschieden. Dabei fühlen sich ältere Kinder meist zurückgesetzt, während jüngste, die ja schon in eine komplette Familie mit mehreren Bezugspersonen hineingeboren werden, solche Mangelgefühle seltener empfinden. Es kommt auch vor, daß Kinder ganz offen fragen: „Wen habt Ihr am liebsten?" Die richtige Antwort kann nur lauten „Jeden auf seine Weise", aber sie hilft wenig, wenn Kinder dies nicht auch zu spüren bekommen. Z.B. durch Aufmerksamkeit, Zuhören, Zärtlichkeit und persönliche Zuwendung.

Doch leichter gesagt als getan. „Jeden auf seine Weise „bedeutet nämlich auch, die Unterschiede der Kinder zu betonen, denn Vergleichbarkeit heißt Konkurrenz, und je „gleicher" wir unsere Kinder behandeln, desto mehr verstärken wir Konkurrenz und Eifersucht bei ihnen. Gerechte Behandlung setzt voraus, jedes Kind mit seinen Bedürfnissen wahrzunehmen und ein Gespür für das zu entwickeln, was gerade dieses Kind von uns braucht.

Und wie haben nun Lehmanns ihr Problem gelöst?

Sie machen häufiger mal „getrenntes Programm". Gestern z.B. durfte Oliver seinen Vater auf der Arbeitsstelle besuchen und genau ansehen, was Papa da macht. Anschließend gingen die beiden Pizza essen. Am Wochenende geht Herr Lehmann diesmal mit Sascha ins Museum für Verkehr und Technik. Oliver schläft dann bei seinem Freund, und Lena macht mit Mama einen „Frauentag". Für abends haben sie eine Art „Rednerliste" eingeführt, aber der älteste beginnt, und der jeweils jüngere darf auf den Schoß. Sascha wollte das dann gar nicht mehr.

Gerechtigkeit besteht nicht darin, jedem Kind 10 Minuten Redezeit einzuräumen, sondern dem zuzuhören, der etwas mitzuteilen hat. Dafür müssen manchmal übrigens auch Prinzipien gekippt werden. Und obwohl bei Lehmanns die Regel gilt, daß Schulkinder wochentags ab 20 Uhr in ihrem Zimmer verschwinden, hat Sascha neulich bis halb zehn bei seinen Eltern auf dem Sofa gesessen. Er wollte wissen, ob Opa Neumann jetzt im Himmel ist und warum Menschen Krieg machen und ob Opa gestorben ist, weil er auch im Krieg war und ob sterben weh tut und ...

Lösungsvorschläge sammeln

Der nächste Punkt besteht im Sammeln von Lösungsvorschlägen. Dabei sollten Sie darauf achten, keine Kommentare zu den Vorschlägen abzugeben. Jeder Vorschlag kann weiterhelfen, auch wenn er zunächst albern oder undurchführbar klingt.

Auch hierbei kann es nützlich oder sogar witzig sein, die Vorschläge - ohne Kommentar - mit farbigen Stiften auf ein großes Blatt Papier zu schreiben. So kommt jeder dran. Erst wenn Ihnen allen die Ideen ausgegangen sind, werden diese bewertet.

Lösungsvorschläge diskutieren und bewerten

Jetzt werden die Vorschläge diskutiert und z.B. mit farbigen Markierungspunkten bewertet. Die Lösungsvorschläge mit den höchsten Punktzahlen werden dann noch einmal unter die Lupe genommen, wieder diskutiert, verbessert und noch einmal bewertet. Das geht so lange, bis dabei ein wirklich guter Lösungsvorschlag, mit dem alle zufrieden sind, herauskommt.

Wenn Ihnen dieses Verfahren als zu umständlich erscheint, können Sie es natürlich auch abkürzen, wenn Sie sich schneller einig sind.

Vorschnelle Lösungen, die nicht alle zufrieden machen, bringen aber nicht weiter. Die Qualität der Lösung zeigt sich ja gerade an der Zufriedenheit, die dann erst gewährleistet, daß diese auch ausprobiert oder angewandt wird.

Eine Lösung erproben

Vereinbaren Sie eine Frist, während der Sie die neue Lösung erproben, z.B. eine Woche.

Nehmen wir einmal an, Ihre Tochter will unbedingt eine Katze haben, hat aber die Meerschweinchen nicht gefüttert und auch nicht saubergemacht. Sie vereinbaren vielleicht, daß sie eine Woche unter Beweis stellen muß, daß sie wirklich verantwortlich sein kann, indem sie ihre Pflichten erfüllt. Danach diskutieren Sie die Frage neu.

Oder: Sie erhöhen die Gehälter für geputzte Waschbecken und erproben auf diese Weise, ob sie dann regelmäßig und gründlich geputzt werden.

Oder: Sie vereinbaren mit Ihrem getrennt lebenden Partner, daß Ihr Sohn auch mittwochs bei Ihnen schlafen darf, vorausgesetzt, daß er seine Schularbeiten auch dann regelmäßig anfertigt. Die Probezeit hierfür beträgt einen Monat.

Überprüfung

Vereinbaren Sie eine Frist, zu der die Lösung erneut überprüft wird. Erst wenn sie sich wirklich bewährt hat, ist sie auch gut.

Hat sich herausgestellt, daß die Lösung keine war, hüten Sie sich vor Vorwürfen, sondern fangen Sie wieder von vorn an. Mit einem „ich habe es ja gleich gesagt..." verderben Sie die Stimmung und erreichen Sie nichts.

Gerade Kinder, aber auch viele Erwachsene, lernen viel mehr, wenn sie selber praktisch erfahren, daß eine Lösung nichts taugt. Auf diese Weise werden Sie alle immer wieder herausgefordert, wirklich gute Ideen zu entwickeln, und das ist auf jeden Fall sinnvoll und gut.

Weitere nützliche Vorschläge

Richten Sie sich eine Wutecke ein, wenn Familienmitglieder das Bedürfnis haben, ihren Zorn und Ärger oder ihre Wut loszuwerden. Das kann ein altes Sofa oder ein Boxsack, aber auch einfach ein mit Lumpen gefüllter Sack sein, den jeder mit Fäusten bearbeiten darf. Wut ist ein Gefühl, das jeder hat und es hilft nichts, sie zu unterdrücken und auch nicht, sie an anderen Menschen körperlich auszulassen. Es gibt so viele Gegenstände, die Wut schadlos vertragen. Schaffen Sie sie an!

Erfindungsreiche Familien haben vielleicht Lust, sich einen „Prügelknaben" zu nähen oder ein schwarzes Schaf herzustellen, das den gleichen Zweck wie ein Wutsack erfüllt. Viele Kinder erfinden sich eine solche Person, die ständig dumme Sachen macht, selbst. Astrid Lindgren hat das in ihrem Buch „Madita" sehr köstlich beschrieben. Wenn Ihr Kind auch so eine Unperson erfunden hat, läßt sich dieser Vorschlag natürlich wunderbar aufgreifen.

Führen Sie auch spontane Belobigungen ein. Oder auch ganz gezielte, indem Sie z.B. darüber reden, was Ihnen in der letzten Woche besonders gut gefallen oder wer eine besondere Leistung vollbracht hat. Sie können daraus auch ein kleines Ritual machen, indem Sie Sonntagnachmittags das „Lob der Woche" verteilen, Kuchen essen und eine Kerze anzünden oder sonst etwas gemeinsam tun, das Ihnen gefällt.

Wir sind alle sehr bei der Hand, Personen und Dinge zu kritisieren. Wann aber teilen wir Anerkennung und Achtung aus? Wir sind gerne bereit, irgendwelche materiellen Dinge zu kaufen und zu verschenken - wann aber verschenken wir das, was nichts kostet und doch so kostbar ist? Also zum Beispiel eine anerkennende Bemerkung, ein Lächeln, ein dickes Lob.

Geschenke, die nichts kosten, bestehen beispielsweise darin, daß der/die zu Beschenkende bestimmen darf, welches Spiel gemeinsam gespielt oder was am nächsten Wochenende gemeinsam unternommen wird, was es am nächsten Tag zum Mittagessen gibt oder welches Buch am Abend gemeinsam vorgelesen wird.

Zahnarzt, nein danke ?

Jan ist neun, groß und kräftig, und niemand würde ihm ansehen, daß er ein großes Problem hat. Er traut sich nicht zum Zahnarzt. Mit drei Jahren mußte ihm ein vereiterter Backenzahn gezogen werden. Seitdem fängt er laut zu weinen an, wenn er das Thema Zahnarzt auch nur hört. Zu spät haben seine Eltern auch bemerkt, daß er sich zweimal vor dem Schulzahnarzt drückte und mit Bauchschmerzen zu Hause blieb. Dabei werden ja die Zähne nur untersucht und nicht behandelt.

Jans Eltern sind ziemlich verzweifelt. Sie haben ihm Geschenke versprochen, wenn er mutig ist, sie haben ihm gedroht - nichts half. Daß Strafen nichts nützen, wissen sie selbst. Schließlich erfahren sie durch eine Bekannte von einer Zahnärztin mit sehr viel Einfühlungsvermögen und einer Ausbildung in Klinischer Hypnose. Diese läßt Jan zunächst mehrmals bei Behandlungen zuschauen und stellt so ein Vertrauensverhältnis zu ihm her. Ihre angenehme sanfte Stimme und das Lob, das Jan für jede Bereitschaft zur Zusammenarbeit erhält, ermuntern nicht nur ihn, sondern auch seine Eltern, die nun gar nicht mehr mit ihm in die Behandlungsräume hineingehen. Jan kann das alleine.

Schließlich läßt sich Jan auch behandeln. Die Zahnärztin benutzt dabei sein Hobby, Skifahren, um ihn in einen entspannten Zustand zu versetzen. Indem sie ihm eine Geschichte übers Skifahren erzählt, kann sie seine Zähne behandeln, während Jan in Gedanken auf der Piste ist.

Andere Kinder können sich eine Kassette aussuchen und sie anhören. Dabei werden sie aufgefordert, ihren Daumennagel als „Minifernseher" zu benutzen, auf dem die Figuren aus der Kassette in der Fantasie sichtbar werden. Oder sie bekommen einen

Dialog mit Handpuppen vorgespielt, der die Kinder entspannt und ihnen ihre geheimen Fragen in bezug auf die Behandlung beantwortet.

Ein ausgelegter Handzettel soll Eltern helfen, ihre Kinder auf Zahnarztbesuche vorzubereiten. Darauf heißt es:

1. Versprechen Sie keine Belohnungsgeschenke. Die Aussicht auf ein Geschenk bringt ihr Kind unter Druck. Klappt die Behandlung nicht, erlebt es nicht nur sein Versagen, sondern auch den Verlust des Geschenks. Dazu kommt die Enttäuschung der Eltern, die den Druck ver-

stärken, wenn sie verkünden, das Geschenk nicht zu kaufen. Außerdem suggeriert die „Größe" des Geschenkes Negatives und führt zu einer übersteigerten Bedeutung des Zahnarztbesuches.

2. Vermeiden Sie negative Suggestionen und Erzählungen über Zahnarztbesuche. Wie z.B.: „Wenn Du Dir nicht regelmäßig die Zähne putzt, muß der Zahnarzt bohren!" Oder: „Schau Dir auf keinen Fall die Spritze an!" Oder: „Du brauchst keine Angst zu haben."

3. Spielen Sie mit kleineren Kindern den Behandlungsablauf durch und malen Sie ihn auf.

4. Geben Sie dem Kind ein positives Ziel, indem Sie es das gute Gefühl empfinden und benennen lassen, das entsteht, wenn die Behandlung vorbei ist.

5. Bestärken Sie Ihr Kind darin, allein ins Behandlungszimmer zu gehen.

Es lohnt sich, nach einfühlsamen Ärzten zu suchen, auch wenn dadurch längere Fahrzeiten in Kauf genommen werden müssen. Eine Adressenliste von ZahnärztInnen mit Ausbildung in Klinischer Hypnose erhalten Sie über die

Milton Erickson Gesellschaft für Klinische Hypnose
Konradstr. 16
80801 München

Wenn Eltern sich trennen

Die Trennung von Eltern gehört für die meisten Kinder heute zur Normalität. Das wäre auch gar nicht so dramatisch, wenn Eltern dabei die Regeln der Konfliktlösung und das Wohl ihrer Kinder beachten würden. Kinder wollen immer, daß ihre Eltern zusammenbleiben, es sei denn, sie wurden brutal mißhandelt oder mißbraucht.

Erwachsene verkennen jedoch sehr oft, wie loyal Kinder ihren Eltern gegenüber sind und in wie große Konflikte sie gestürzt werden, wenn sie gegen ein Elternteil aussagen sollen. Neun bis zwölfjährige Kinder werden bei Scheidungen auch gefragt, mit wem sie zusammenleben wollen. Wenn sie dann eine Aussage machen, heißt das nicht, daß sie den anderen Elternteil nicht auch lieben. Außerdem ändern sie ihre Meinung in der Pubertät oft noch einmal.

Häufig ist es so, daß Jungen ihre Väter und Mädchen ihre Mütter als Sorgeberechtigte wählen wollen. Das liegt an der Möglichkeit, sich mit ihnen identifizieren zu können. Wie ich weiter vorn schon ausführte, können Jungen sich nicht an ihrer Mutter orientieren, wie viele Frauen hoffen, denn sie wissen ja, daß sie im Leben etwas ganz anderes werden müssen, nämlich ein Mann.

Natürlich kann es trotzdem richtig sein, daß der Junge bei der Mutter wohnen bleibt, z.B. weil der Vater täglich acht Stunden in seinem Beruf arbeiten muß. Es kann auch sein, daß Töchter zum Vater wollen, weil sie eine besondere Zuneigung spüren und ihre Mutter eher als Konkurrentin erleben.

Wie immer es sich entscheidet, reden Sie mit Ihrem Kind offen darüber und machen Sie Ihren Partner, d.h. den Vater oder die Mutter Ihres Kindes, nicht vor dessen Ohren schlecht. Kein Kind möchte einen miesen Typen zum Vater oder eine alte Schlampe zur Mutter haben. Wenn Sie Ihren Partner beschimpfen, beschimpfen Sie damit automatisch auch Ihr Kind, denn es bleibt das Kind von Ihnen beiden. Und zwar für immer, egal, was auch passiert.

Wenn Sie merken, daß Sie es nicht schaffen, Ihre ehelichen Konflikte selber zu lösen, lassen Sie sich doch beraten, bevor Sie Ihr Kind in diesen Teufelskreis aus Anschuldigungen, die zu nichts führen, mit hineinziehen. Es gibt heute in allen größeren Städten Familientherapeuten, Berater oder Mediatoren, die Ihnen helfen, Ihre Konflikte zu lösen. Außerdem helfen Sie dadurch nicht nur Ihrem Kind, sondern auch Ihrem Geldbeutel. Je einiger Sie sich sind, desto billiger wird die Scheidung.

Beachten sollten Sie auch, daß es bei den Auseinandersetzungen meist nicht um das geht, worum Sie streiten: Zum Beispiel um Geld, um das Sorgerecht oder sonst etwas. Es geht immer um verletzte Gefühle und verletzte Gefühle lassen Menschen stets unberechenbar und unsachlich reagieren. Ich vergleiche sie oft mit verletzten Tieren, die entweder wie wild losrasen oder sich völlig zurückziehen. Vielleicht gelingt es Ihnen auch, in Ihrem Partner das kleine verletzte Kind von früher zu sehen, denn verletzte Gefühle reißen immer uralte

Wunden auf. Und die heißen meist: „Ich werde nicht geliebt", oder „Ich bin nicht in Ordnung", oder „Ich tauge nichts." Sie müssen die Ansichten Ihres Ex-Partners nicht teilen, aber vielleicht können Sie verstehen lernen, warum er oder sie so reagiert.

Wenn Sie einen neuen Partner haben, ist wichtig, daß dies *Ihr* Partner und nicht der Ihres Kindes ist. Er kann zum Beispiel auch kein „neuer" Vater sein, aber durchaus ein guter Freund.

Dies läßt sich aber nicht erzwingen. Akzeptieren Sie stets die Gefühle Ihres Kindes und vereinbaren Sie Regeln, wenn Sie meinen, daß dies im Umgang miteinander notwendig ist. Sie können von Ihrem Kind verlangen, daß es Ihren neuen Partner nicht beschimpft, aber nicht, daß es ihn liebt, ihn küßt oder ihm sonstwie „dienstbar" ist. Ihre Liebesangelegenheiten gehen nur Sie selbst etwas an.

Viel schwieriger als der Umgang mit rebellischen Kindern ist der mit verschlossenen. Kinderliteratur, gemeinsame Tee- oder Am-Bett-Sitz-Stunden können manchmal helfen, miteinander ins Gespräch zu kommen. Auch sind gute Freunde für diese Kinder ganz besonders wichtig.

Wenn Ihr Kind ernsthafte Symptome oder sogar Selbstmordabsichten zeigt, sollten Sie unbedingt eine Beratungsstelle aufsuchen oder sich nach geeigneten Familientherapeuten umsehen. Es gibt tatsächlich kaum Probleme, die sich nicht lösen lassen. Und gerade wenn Sie auf keine gute Idee mehr kommen, ist es sinnvoll, sich beraten zu lassen, bevor sich die Konflikte weiter zuspitzen.

Angst vor dem Tod

Maren ist elf und eine sehr gute Schülerin. Sie macht ihren Eltern nur Freude und wird sehr geliebt und umsorgt. Seit einigen Wochen gibt es jedoch ein großes Problem: Immer wenn Maren abends im Bett liegt, muß sie herzzerreißend weinen. Sie hat Angst vor dem Tod. Nicht nur, daß sie selber sterben muß. Sie ängstigt sich auch um Oma und Opa, Mama und Papa und um ihren kleinen Bruder Christoph. Bisher haben die Eltern versucht, Maren zu versichern, daß sie alle ganz gesund und fit sind und nicht ans Sterben denken. Das hat Maren allerdings kein bißchen geholfen.

Nach einem Gespräch mit Freunden, die ihre kleine Tochter bei einem Autounfall verloren haben und längere Zeit in einer Selbsthilfegruppe für Trauernde waren, gehen sie mit Maren anders um. Anstatt das Thema zu verdrängen, sprechen sie es ganz bewußt an. Täglich kann jedem aus der Familie etwas passieren: Auf der Straße, im Haus, beim Reiten oder Radfahren, im Schwimmbad oder in der Schule. Jeder Tag kann der letzte sein und niemand von uns weiß, wann er stirbt. Je mehr die Familie über dieses Thema redet und auch andere dazu befragt, desto mehr lernen sie, die Tatsache zu akzeptieren, daß jedes Leben ein Ende hat und daß Leben ohne Tod nicht vorstellbar ist. Jedes Ding hat seine Zeit. Leben und Tod gehören zusammen.

Marens Eltern haben ihr auch von anderen Religionen erzählt. Viele Menschen glauben an eine Wiedergeburt, zu der sich der Mensch frei entscheiden kann, um seinen unsterblichen Geist weiterzuentwickeln und aus Fehlern zu lernen. In dem „Tibetischen Buch vom Leben und Sterben" und den Büchern von Elisabeth Kübler-Ross haben Marens Eltern viel Weisheit und Trost gefunden.

Eine Freundin von Maren, die auf die Waldorfschule geht, hat ihr erzählt, daß sie schon im Kindergarten erfahren hat, daß sie sich ihre Eltern vor der Geburt ausgesucht habe und daß sie auf einem Regenbogen in Mamas Schoß gerutscht sei, um mit diesen Eltern bestimmte Erfahrungen zu machen. Sie hat Maren auch das Buch „Kannst du pfeifen, Johanna" ausgeliehen, das sich ebenfalls mit dem Tod beschäftigt, aber auch lustig ist. Ihr Großvater, der bei Hamburg auf dem Land lebt, wußte zu berichten, daß in seiner Kindheit die verstorbenen Dorfbewohner aufgebahrt wurden, so daß alle Gelegenheit hatten, sich von ihnen zu verabschieden. Außerdem war auf diese Weise der Tod im Leben gegenwärtig - für alle.

„Wir leben jetzt viel bewußter", sagen Marens Eltern über ihre Familie. „Und wir versuchen, uns täglich auf das Wesentliche zu besinnen. Mit ihrer Angst hat Maren uns im Grunde sehr geholfen. Ohne ihre Krise hätte sich nichts verändert."

Sogyal Rinpoche,
Das Tibetische Buch vom Leben und Sterben,
11. Auflage, München 1994

Elisabeth Kübler-Ross,
Interviews mit Sterbenden,
Stuttgart 1971

Dies.,
Über den Tod und das leben danach,
Melsbach 1985

Dies.,
Was können wir noch tun? Antworten auf Fragen nach Sterben und Tod,
Gütersloh 1984

Außerdem empfehle ich:

Michael Höhn/Monika Höhn,
Leben und Sterben. Mit jungen Menschen sprechen
Köln 1996

Bewegung und Entspannung

Daß Kinder heute genauso wie ihre Eltern an Streß leiden und durch einseitige nervliche Belastung bereits viele gesundheitliche Schäden davontragen, ist eine Tatsache, auf die ich schon eingegangen bin. Die Mehrzahl heutiger Kinder, so einschlägige Untersuchungen, ist nicht nur fehlernährt, sondern leidet auch an Bewegungsmangel und den Folgen der Viel-Sitzerei. Nach einer Studie des Sportinstituts der Universität Tübingen kann die Mehrheit der Kinder heute weder balancieren noch rückwärtslaufen. Jeder zweite Schüler hat Haltungsschäden und jeder sechste ist zu dick (vgl. Psychologie heute, Mai 1996, S.51). Nach Aussagen der Krankenkassen hat sogar jedes dritte Schulkind Übergewicht (vgl. Struck, S.43).

Das Tübinger Sportinstitut hat außerdem herausgefunden, daß 1995 nur noch jeder dritte Grundschüler einen Klimmzug schaffte, während das 1980 noch acht von zehn Kindern konnten.

Gleichzeitig klagen immer mehr Eltern und Erzieher über Unruhe und „Hyperaktivität" ihrer Kinder, ein Sammelbegriff für verschiedene Störungen mit unterschiedlichen Ursachen. Kommen Kinder ihrem natürlichen Bewegungsdrang nach, wird häufig „Ruhe!" gebrüllt, wenn Eltern nervlich überlastet sind und außerdem die Beschwerden der Nachbarn fürchten müssen. Weil die meisten Kinder nicht gefahrlos im Freien spie-

len können, bieten sich Dauerfernsehen und Spielen mit Konsolen als Schein-Lösung an: Die Kinder sind dann zwar ruhig, werden aber innerlich aufgeladen und nervlich belastet, auf Dauer körperlich krank. 1995 bewegten sich 90% der Kinder weniger als 60 Minuten pro Woche aktiv, wie dies z.B. beim Laufen und Radfahren der Fall ist. Ärzte halten diese Minutenzahl, dreimal zwanzig Minuten pro Woche, für das absolute Minimum, das nun von bereits einer großen Mehrheit nicht mehr eingehalten wird.

Kleinkinder haben noch ein natürliches Gefühl für Aktivitäts- und Ruhephasen. Sie können mitten im Spiel einschlafen oder werden nicht müde, eine Garageneinfahrt immer wieder hoch- und runterzulaufen. Es sind die Erwachsenen, die Kinder immer wieder einschränken und zurechtweisen und in ihrem natürlichen Bewegungsdrang behindern. So verlieren Kinder leicht das Gefühl für ihren Körper und seine Bedürfnisse.

Auf diese Weise gibt es neben dem Mangel an Bewegung auch einen Mangel an Entspannung, denn diese beiden gehören untrennbar zusammen. Sportliche Aktivitäten, das Herumtollen mit Gleichaltrigen auf von Straßenverkehr geschütztem Gelände sind daher ein absolutes Muß für alle Kinder von 9 bis 12. Genauso wie das „Abschalten" - das durchaus wörtlich zu verstehen ist - und Ruhephasen.

Yoga oder ähnliche Entspannungsübungen dürfen daher nicht als „Ruhigsteller" mißverstanden werden, sondern sollten als Ergänzung zu sportlicher Bewegung und lustvoller körperlicher Aktivität in Schulen und Familien ihren Platz finden. Außerdem dürfen sie nicht zwangsverschrieben werden. Sie sollten vielmehr als interessantes Angebot neugierig machen und neue Erfahrungen ermöglichen.

Und noch einige konkrete Anregungen:
- Erkunden Sie mit Ihren Kindern sichere Radwege,

Trimm-Pfade und Abenteuerspielplätze zum Austoben, Balancieren, Bewegen.

- Fordern Sie die Anlage solcher Plätze im Wohngebiet und in der Schule.
- Wirken Sie ggf. bei der Umgestaltung des Pausenhofes von einer Betonfläche zur grünen Sportanlage mit vielfältigen Bewegungsanregungen mit. Hierfür gibt es in einigen Bundesländern auch Zuschüsse.
- Unternehmen Sie am Wochenende Aktivitäten wie Schwimmen, Ballspielen, Radfahren, Klettern, Fußballspielen u.a.
- Überprüfen Sie, inwieweit auf Ihrem Hinterhof oder in Ihrem Garten einfache Geräte wie Baumstämme zum Balancieren, Wippen (Brett über einem Rohr), Schaukeln, Hängematten oder Klettermöglichkeiten installiert werden können. Besonders beliebt sind auch Basketballkörbe.
- Melden Sie Ihr Kind bei einer Sport-AG der Schule oder einem Sportverein an, wenn es dafür Interesse zeigt.
- Probieren Sie aus, ob Ihrem Kind Phantasiereisen gefallen, die der Entspannung und Entwicklung von Vorstellungskraft dienen.

Die folgenden Phantasiereisen sind als Anregung gedacht, eigene Phantasiereisen zu erfinden oder Ihrem Kind Möglichkeiten zu geben, sich selber welche auszudenken.

Phantasiereisen

Ermutigung (nach Klaus Vopel)

Manchmal wachen wir fröhlich auf, doch manchmal geht es uns auch nicht so gut. An solchen Tagen kannst du die folgende Phantasiereise ausprobieren.

Setze oder lege dich bequem hin und wenn du willst, kannst du früher oder später die Augen schließen. Fang ganz allmählich an, auf deinen Atem zu achten, wie er kommt und geht, und versuche, mit jedem Ausatmen noch ein wenig mehr loszulassen...

Dann stell dir vor, daß du auf einem Weg durch die Natur gehst. Nach einiger Zeit entdeckst du ein Tor, umrankt von duftenden Blumen. Es ist der Eingang zu einem Zaubergarten, der dich neugierig und gespannt macht. Vorsichtig öffnest du dieses besondere Tor und betrittst einen wunderschönen Garten. In Ruhe betrachtest du alles, bis du auf einmal mehrere kleine Wesen entdeckst, die lächelnd und freundlich auf dich zukommen. Beim näheren Hinsehen bemerkst du, daß sie bunte kuschelig weiche Wedel in der Hand haben, mit denen sie dir zuwinken. Sie lächeln dir freundlich zu und fangen an ein Lied zu singen. Du beginnst den Text zu verstehen, der da lautet:

Bist du traurig und allein,
dann wollen wir gern bei dir sein.

Die kleinen freundlichen Wesen ergreifen nun zart deine Hände und führen dich durch den Garten. Ganz leicht spürst du ihre Berührungen auf angenehme Art.

Nun haben sie dich an einen wunderschönen

Strand geführt, und während du dich umschaust, kannst du spüren, wie weich und warm der Sand unter deinen Füßen sich anfühlt. Du bekommst Lust, dich auszuruhen und kannst schon jetzt bemerken, wie du ruhiger wirst und wie sich die Freundlichkeit der kleinen Wesen in deinem Herzen ausbreitet.

Und wieder singen sie ein Lied für dich. Es lautet:
Wir helfen Kindern nah und fern,
denn wir haben Kinder gern.

Und du kannst bemerken, wie sie ihre feinen bunten Staubwedel benutzen, um alle Sorgen und düsteren Gedanken von dir abzubürsten. Vielleicht möchtest du getröstet werden, vielleicht willst du einfach nur dieses angenehme Kitzeln spüren, vielleicht willst du einfach ein wenig verwöhnt werden... Gib den kleinen Wesen Gelegenheit, einfach für dich da sein zu können, so daß du ihre Liebe und ihr Verständnis spüren kannst... (1-2 Minuten Pause).

Nun kannst du dich allmählich von den kleinen Wesen verabschieden und durch den Garten zurückgehen. Du darfst wissen, daß sie immer für dich da sein werden, wenn du sie brauchst, genauso wie der Zaubergarten.

Komm zurück durch das Tor, das du sorgfältig hinter dir schließt, und komm hierher zurück in den Raum... und nun fang an, allmählich wieder deine Füße und Hände zu bewegen und dich zu recken und zu strecken, bis du wieder ganz hier bist, erfrischt und wach.

Antworten finden (nach Klaus Vopel)

Immer wieder kommt es vor, daß wir nicht weiter wissen oder Fragen haben, die wir nicht beantworten können. Manchmal beziehen sich diese Fragen auf die Schule, manchmal auf die Familie oder auf unsere Freunde. Manchmal finden wir schnell eine Antwort, manchmal geben uns andere Hilfe. Und manchmal können wir eine Antwort in uns selber finden. Ich möchte dir heute zeigen, wie das geht.

Setze oder lege dich bequem hin und wenn du willst, kannst du früher oder später die Augen schließen. Und während du anfängst, allmählich auf deinen Atem zu achten, kannst du bemerken, wie du schon jetzt ruhiger und entspannter wirst. Und du kannst dir gestatten, bei jedem Ausatmen noch ein bißchen mehr loszulassen, so daß du bemerken kannst, wie sich dein Körper weich und angenehm anfühlt...

Und nun kannst du dir irgend einen Platz in der Natur vorstellen, einen Platz, den du gern hast... Schau dich um, was du dort siehst, wie das Licht ist, was du riechst und welche Geräusche du schon jetzt wahrnehmen kannst...

Und nun stell dir vor, daß du einen schmalen Pfad bemerkst, der dich neugierig macht. Du beschließt, dem Pfad zu folgen, und bemerkst ein wunderschönes Haus... Du kommst langsam näher und bewunderst seine Schönheit... Langsam trittst du ein und bemerkst viele Türen, und auf jeder Tür entdeckst du ein kleines Schild: Auf dem einen steht „Schule", auf dem anderen „Familie" und wieder auf einem anderen „Freunde". Möglicherweise siehst du noch mehr Schilder mit noch mehr

Aufschriften. Und du weißt, daß hinter jeder Tür ein Zimmer ist, in dem ein Mitglied der königlichen Familie an einem großen alten Tisch sitzt. Sie alle haben die notwendige Erfahrung und Weisheit, um etwas Nützliches zu jedem Problem zu sagen, auf das du eine Antwort suchst.

Überlege dir, auf welche Frage du gern eine Antwort finden möchtest, und gehe dann zu der Tür, die für dich wichtig ist. Drücke einfach die Klinke hinunter und gehe hinein. Und jetzt darfst du deine Frage an die königliche Person in diesem Zimmer stellen. Du kannst dich dabei auf ein Kissen oder einen Hocker setzen. Und während du auf die Antwort wartest, bemerkst du, wie angenehm sich die Unterlage anfühlt auf der du sitzt. Ist es Samt oder Seide, weiches Leder oder ein anderes Material? Und wie riecht es in diesem Raum? Alles ist warm und angenehm, und du kannst all dies in dich aufnehmen... Und während du diese angenehmen Empfindungen genießt, kommt das Mitglied der königlichen Familie zu dir, um dir deine Frage zu beantworten. Und du hörst die Antwort immer deutlicher und nimmst sie dankbar an... (1 Minute Pause).

Nun danke dieser weisen Person und verabschiede dich. Geh langsam aus dem Raum zurück durch das Haus und die Eingangstür. Und wenn du draußen bist, schaust du dich noch einmal um und siehst die Schönheit des Hauses. Und dir fällt ein, was du anders machen mußt. Wie fühlst du dich jetzt, wo du die Antwort gehört hast?

Und nun komm von dort hierher zurück in den Raum. Du kannst deinen Atem vertiefen, dich recken und strecken und wieder hier sein, erfrischt und wach.

Innere Klarheit (nach Klaus Vopel)

Manchmal tut es uns gut, wenn wir uns ruhig fühlen und den Eindruck haben, die Dinge zu überschauen.

Setze oder lege dich bequem hin und wenn du magst, kannst du die Augen schließen. Beginne früher oder später, auf deinen Atem zu achten, und wenn du magst, kannst du dir vorstellen, daß du deinen Atem rund um die Erde bläst. Und nun stell dir vor, daß du draußen in der Natur bist und der Himmel über dir blau und strahlend ist. Und während du dahinwanderst, unter dem blauen und strahlenden Himmel, beginnst du dich behaglicher und ruhiger zu fühlen. Und du spürst die Kraft des Frühlings unter deinen Füßen, während du einem Pfad folgst, der zu einem Steinhaufen führt. Und du bekommst Lust, auf dem Haufen herumzuklettern... Und nun stehst du auf dem oberen Felsblock, über dir der Himmel und vor dir der Blick über das weite Land... Am Horizont kannst du graue Sturmwolken sehen, die langsam über den Himmel ziehen und vor dir siehst du einen riesigen Raubvogel seine Kreise ziehen.

Und nun kommt der Wind auch zu dir und wirbelt dir durchs Haar, und du bekommst Lust, wie der Raubvogel auf dem Wind zu reiten und deine Kreise zu ziehen. Du holst tief Luft und verwandelst dich in einen wunderschönen großen Vogel und du genießt das Gefühl, frei zu sein und dich vom Wind tragen zu lassen. Du kannst dich hinauf- und hinabtragen lassen, du kannst Kreise ziehen und das wunderbare Gefühl genießen, mit dem Wind zu fliegen... Und du darfst hinfliegen, wo immer du hinwillst, und dir alles von oben betrachten, was immer du willst...

Immer gibt es die Möglichkeit, die Dinge von oben zu betrachten, und du kannst es genießen... Und nun fliege noch ein Weile herum und dann komm wieder sicher und sanft hierher zurück. Reck und streck dich ein wenig, öffne deine Augen und sei wieder hier, erfrischt und wach.

Viele andere Phantasiereisen finden Sie in:
Klaus Vopel,
Der fliegende Teppich. Leichter lernen durch Entspannung.
Übungen für Kinder von 6-12 Jahren,
Iskopress, Salzhausen 1995

Ernährung und Erziehung

Während sich Lärm, Umweltverschmutzung und Straßenverkehr nur schwer von einer einzelnen Familie beeinflussen lassen, ist Ernährung noch zu einem großen Teil Sache der Eltern. Und obwohl es immer schwieriger wird, unbelastete und nicht durch industrielle Zusätze denaturisierte Nahrung zu erhalten, ist es doch prinzipiell jeder Familie möglich, auf gesunde Ernährung zu achten.

Jedes Kind weiß schon im Kleinkindalter instiktiv, wieviel und was es essen möchte. Unter einer Auswahl an gesunden Nahrungsmitteln wählt es stets die richtige Menge aus und entscheidet sich für die Sorten, die ihm guttun. Das ist inzwischen bewiesen.

Neun- bis Zwölfjährige haben eine lange „Ernährungsgeschichte" hinter sich und es ist gut möglich, daß ihr Geschmack durch Werbung und Verführung auf Schokocreme, Curry-Würste und Pommes und Weißbrot reduziert wurde. Dies ist verhängnisvoll, nicht nur für Zähne und Gesundheit, sondern auch für das Verhalten. Daß Zucker und weißes Mehl nicht nur Zähne zerstören, sondern auch das Immunsystem angreifen und somit vielen Krankheiten Zutritt verschaffen, ist die eine Seite der Medaille. Daß es jedoch auch eindeutige Zusammenhänge zwischen falscher Ernährung und Verhaltensauffälligkeiten gibt, wird heute noch viel zu wenig beachtet.

„Das Kinderernährungswerk in Hamburg konnte in einer Förderschule nur ein einziges Kind ohne Ernährungsmangel ausmachen; nach einem aufgrund von Gesichts- und Hautdiagnose zusammengestellten Ernährungsprogramm für jedes Kind dieser Klasse wurden binnen kurzer Zeit deutliche Verhaltens- und Leistungsverbesserungen bei fast allen Mädchen und Jungen erreicht." (Struck, S. 44)

Professor Struck führt weiter aus, daß viele Kinder keinen Schulpsychologen, sondern ein verbessertes Nahrungsangebot mit Eisen, Niacin, Vitamin C und D, Kochsalz, Kalk und Pantothensäure (in Haferflocken) bräuchten. „Denn schaukelt ein falsch ernährtes Kind permanent auf oder mit seinem Stuhl herum, so muß es nicht verhaltensgestört sein; es versucht vielleicht instinktiv, seine Reizbilanz stimmiger zu machen, indem es mit Mobilität, die dem Lehrer als Hyperaktivität vorkommt, gegen seinen schlaffen körperlichen Zustand und gegen die Gefahr einzuschlafen angeht." (Struck, S. 45)

Immer mehr Schulen sehen inzwischen diese Zusammenhänge und lassen Kinder in den Klassen gemeinsam gesund frühstücken. Außerdem wird das Thema Ernährung in den Unterricht einbezogen. Wenn Eltern in dieser Frage jedoch nicht aufgeklärt sind und nicht mit gutem Beispiel vorangehen, kann die Schule wenig ausrichten. Für viele Familien erscheint „Öko-Nahrung" noch immer als Horrorvision, obwohl es inzwischen etliche Gourmets-Vollwertköche gibt und alle, die es ernsthaft versucht haben, bestätigen, daß gesunde Nahrung auch wirklich schmeckt.

Weil wir in unserer Familie seit 12 Jahren vollwertig genießen, kann ich überzeugend bestätigen, daß sich diese Investition gelohnt hat. Wir haben seit vielen Jahren weder ernsthafte Erkrankungen noch schwere Erkältungen gehabt und zahnärztliche Behandlungen beschränken sich auf Routineuntersuchungen oder auf die Erneuerung schon vorhandener Füllungen. Trotzdem mögen meine Kinder bestimmte Gemüsesorten nicht, aber selbst wenn sie dann von einem Gericht nur ungeschälten Reis mit Tomatensoße nehmen oder Pellkartoffeln mit Quark, erhalten sie immer noch genug Vitamine und Mineralstoffe. Und selbst die Geburtstagspakete von der Oma aus Berlin, mit denen man einen Süßwarenladen auffüllen könnte, kommen gegen die konsequente alltägliche Ernährung ohne Zucker und weißes Mehl nicht an.

Empfehlen kann ich außerdem, ungesunde Nahrung einfach nicht einzukaufen und Nüsse und süßes Obst in Mengen bereitzustellen. Wer so verfährt, spart sich viele Konflikte und muß keine dogmatischen Verbote aussprechen. Auch gutes Zureden wie „ Nun iß doch endlich mal Spinat!" oder „Iß nicht so viel Schokolade, das macht dick!" wird zum Glück überflüssig - denn es bewirkt ja nur, daß dem Essen eine völlig unangemessene Bedeutung zukommt.

Magersucht und Bulimie (Freßanfälle, gekoppelt mit Erbrechen und Abführmitteln) haben in den letzten Jahren enorme Ausmaße angenommen. Sie gehen einher mit einem völlig gestörten Verhältnis zum eigenen Körper, mit einer Entfremdung von natürlicher Nahrung und einer übertriebenen Bewertung des Essens schlechthin. „Seelische Fehlernährung" begleitet diese Kinder , die oft an Überbehütung oder mangelnder Zuwendung und Achtung ihrer Persönlichkeit zu leiden haben.

Für mich ist eine Heilung dieser Störung deshalb u.a. auch mit einer Rückkehr zum Einfachen und Natürlichen verbunden. Indem wir uns der Natur zuwenden und

Kindern erfahrbar machen, was diese uns schenkt, lernen sie nicht nur die Lebensmittel, sondern auch ihren Körper schätzen.

Haferflocken machen uns stark und geistig wach, Kräuter heilen viele Krankheiten und erhalten uns gesund, vom Baum gepflückte Äpfel ersetzen den Arzt, wie ein englisches Sprichwort sagt. Ich empfehle deshalb allen Familien, sich in ihrem Umfeld nach Demeter- oder Bioland-Bauernhöfen zu erkunden. In Kontakt mit so einem Hof können Sie beobachten, wie die Nahrung angebaut wird, und diese direkt vom Erzeuger kaufen. Viele Höfe ermöglichen auch eine direkte Patenschaft, d.h. Familien können hier selber ernten oder mithelfen. Auf diese Weise werden wertvolle Lebensmittel für alle erschwinglich. Andererseits ist dies meiner Meinung nach auch die einzige Methode, der vom Aussterben bedrohten Landwirtschaft zu helfen und ein Stück Naturschutz mitzubezahlen - und zwar vor Ort.

Ein Demeter-Hof, den wir persönlich unterstützen, ist der

Hansen-Hof,
Bremholm 11,
24996 Sterup,
Tel. 04637/ 340 Fax 1060.

Hier können Sie köstlichen Hartkäse auch per Post bestellen oder vielleicht in einem Sommerurlaub in Schleswig-Holstein persönlich einkaufen.

Wenn Sie weitere Informationen über gesunde Ernährung wünschen, wenden Sie sich an das

Kinderernährungswerk,
Ausschläger Weg 68,
20537 Hamburg,
Tel. 040 / 25 43 600

Von A bis Z
Schlagwörter

Alkohol: Gehört nicht in Kinderhände, ist für Jugendliche unter sechzehn Jahren aus gutem Grund verboten. Eltern sind das Vorbild für ihre Kinder. Vor schlechtem Einfluß schützt man sein Kind am besten durch ein vielfältiges, kreatives Angebot und dadurch, daß man ihnen Selbstvertrauen vermittelt.

Angst: Tritt bei Kindern häufig auf. 7o% aller Kinder haben Angst vor Umweltzerstörung und Krieg. Eltern können ihren Kindern helfen, wenn sie ihre Ängste ernst nehmen und mit ihnen darüber reden. Auch über ihre eigenen Ängste und was sie dagegen tun oder wie sie sich selber helfen. Konkrete Ängste, z. B. vor einer Klassenarbeit oder dem Übergang auf eine neue Schule, kann man lindern, indem man dem Kind zuhört, falsche Befürchtungen widerlegt, die drohenden Gefahren im Geiste durchspielt und konkrete Handlungsanweisungen gibt, zum Beispiel wie man üben kann, wie man sich entspannen kann, wie man neue Freunde findet etc.

Ätherische Öle: Können Kindern bei Schlaf- und Konzentrationsstörungen helfen, wenn es sich um naturreine Öle handelt. Lavendel, Kamille, Ylang-Ylang und Mandarine unterstützen den guten Schlaf, Rosmarin und Zitrone die Konzentration und das Gedächtnis. Auch bei Menstruationsbeschwerden tun ätherische Öle gute Dienste.

Außenseiter: Wird man aus verschiedensten Gründen, doch immer, weil man „irgendwie anders" ist. Es geht nicht darum, den Menschen zu ändern, sondern die anderen zu Toleranz zu ermutigen, indem man geduldige Gespräche führt und genau zuhört. Manche sehr intelligenten und kreativen Kinder sind gern Außenseiter, weil sie ganz bewußt anders sein wollen. Klassenfahrten, Einladungen, Gespräche und Verabredungen helfen, Außenseiter zu integrieren.

Bemerkungen: Können Kinder sehr verletzen, ganz besonders wenn sie sich in einer Umbruchphase befinden. Erwachsene sollten sich stets dahingehend selbst prüfen, ob sie mit ihren Bemerkungen Selbstbewußtsein fördern oder verhindern. Auch Kinder untereinander können sich mit Bemerkungen sehr weh tun. Wenn Ihr Kind unter Bemerkungen leidet, können Sie ihm mit der Übung „unsichtbarer Schutzschild" helfen (vgl. Stichwort „Schutzschild").

Bewegung: Ist für Kinder von 9-12 sehr wichtig. Wenn Ihre Kinder keine Gelegenheit haben, draußen zu spielen, sollten sie unbedingt eine Sportart betreiben oder häufig Radtouren machen oder ähnliche Unternehmungen starten.

Bewertung: Die meisten Eltern und Lehrer bewerten Kinder viel zu oft. Unser Leben würde ohne ständige Bewertung viel friedlicher und harmonischer verlaufen. Versuchen Sie, Bewertungen abzuschaffen und durch Anteilnahme, Interesse, Mitgefühl und Einfühlungsvermögen zu ersetzen.

Clownerien: Kleine Clowns haben erlebt, daß sie damit sehr erfolgreich sind. Es wäre nützlich zu erfahren, welche Fähigkeiten sie sonst noch haben, und diese hervorzuheben. Oft sind solche Späße in der Schule der Versuch, auf sich aufmerksam zu machen und dabei gleichzeitig von anderen „Schwächen" abzulenken. In Zirkusvorstellungen können dann Clowns auftreten und damit ihr Selbstbewußtsein stärken. Bestimmt werden bei ihnen noch andere Fähigkeiten entdeckt, mit denen sie im Klassenraum positiv auffallen können.

Dampf ablassen: Müssen Erwachsene und Kinder immer mal. Es ist ein ganz natürliches Bedürfnis. Legen Sie in der Familie oder im Klassenraum fest, wo man seine Wut loswerden darf, ohne anderen weh zu tun.

Dumm: Es gibt keine dummen Kinder. Es gibt vielleicht Kinder, die langsamer lernen als andere oder nicht so schnell einen Sachverhalt erfassen. Ihnen muß man Zeit geben und verschiedenartige, auch neue Lernmethoden erproben. Manche Kinder lernen sehr körperbezogen und müssen z.B. das Einmaleins durch rhythmisches Gehen erproben. Jeder Mensch ist lernfähig, sein Leben lang.

Ehrlichkeit: Lernen Kinder durch einen offenen, angstfreien Umgang mit Erwachsenen. Wie oft lügen Sie selbst? Wer zu sich selbst ehrlich ist und seine Kinder als Partner akzeptiert, wird es leicht mit der Ehrlichkeit haben. Notlügen gebraucht jeder mal. Dennoch sollten wir sie vermeiden.

Entschuldigung: Wenn Erwachsene sich bei Kindern entschuldigen, werden diese das umgekehrt auch tun. Entschuldigung sollte ein alltägliches Wort in Familien sein.

Erfüllung von Wünschen: Wenn Kinder zu schnell zu viel bekommen, liegen die Dinge oft bald unbeachtet herum. Wenn sie sich lange auf etwas freuen und ihr Taschengeld dazu sparen, bekommen die erworbenen Sachen mehr Wert. Immer sind Erwachsene das Vorbild, und Kinder können ihre persönlichen Sachen nicht achten lernen, wenn Erwachsene ihnen das nicht vorleben. Sich etwas zu wünschen, ist jedoch eine gute Sache, weil man ein Ziel hat, in das man Energie setzen muß.

Fehler: Jeder darf Fehler machen. Aus Fehlern lernen wir. Für Fehler kann man sich entschuldigen bzw. sie berichtigen. Fehler sind etwas ganz Alltägliches. Und sie bringen uns weiter.

Freunde: Spielen im Alter von 9-12 eine ganz große Rolle. Manche jetzt geschlossenen Freundschaften dauern ein Leben lang. Man kann seinem Kind nicht genug Freunde wünschen, denn sie erleichtern das Leben und Erwachsenwerden enorm. Freundschaften kann man durch Toleranz und zur Verfügungstellen von Räumen unterstützen. Vor falschen Freunden muß man sein Kind nur schützen, wenn diese wirklich Macht oder Gewalt ausüben. Dies ist nur selten der Fall. In der Regel merken Kinder selbst, welche Freunde ihnen gut tun und von wem sie sich besser trennen. Selbstvertrauen ist auch hier der beste Ratgeber. Zu viel Einmischung von Elternseite verhindert die eigene Wertbildung und das Selbstbewußtsein.

Faul: Kinder sind nicht faul, sie haben aber oft zu wenig Interesse an dem, was Eltern oder Lehrer verlangen. Zwang ist nie ein gutes Mittel der Erziehung, weil es immer nur vorübergehend wirkt. Wenn das Kind zu „faul" ist, um bestimmte Pflichten zu erledigen, müssen dafür Regeln aufgestellt werden. Zum Beispiel: Wenn du deinen Küchendienst vergißt, gibt es 1o DM Abzug vom Taschengeld. Die Regeln sollten gemeinsam vereinbart werden. Hausaufgaben sind eine Sache zwischen Lehrer und Schüler. Wie Sie Ihr Kind zu Hausaufgaben motivieren, lesen Sie weiter vorn im entsprechenden Kapitel. Eltern, die finden, daß ihr Kind faul ist, sollten einmal prüfen, in welchen Bereichen es wirklich fleißig ist. Haben Sie diesen Fleiß schon gewürdigt oder anerkannt?

Geburtstag: Mit zehn, elf oder zwölf wollen Kinder oft nicht mehr auf übliche Art Geburtstag feiern. Ich finde das ist noch lange kein Grund, sich das Fest von irgendwelchen Profis oder Restaurantketten ausrichten zu lassen. Setzen Sie sich doch mit Ihrem Kind und vielleicht dessen Freunden oder Freundinnen zusammen und überlegen Sie gemeinsam, was schön wäre. Wenn Sie gemeinsam Ideen schmieden, zu denen Sie sich ja auch Anregungen von anderen oder aus Büchern holen können, gelingt das Fest bestimmt. Wenn alle mithelfen, mitreden und mitbestimmen, fühlen sich hinterher auch alle viel besser und können stolz auf sich sein.

Gemüse: Sollte mit Obst zu den Hauptnahrungsmitteln

gehören. Leider wissen viele Kinder heute nicht einmal mehr, wie das Gemüse heißt, das auf dem Tisch steht, geschweige denn, daß sie es probieren. Eßprobleme verringern sich, wenn in Familien Süßigkeiten nicht vorhanden bzw. nur vom Taschengeld erhältlich sind. Ein Rohkostteller mit verschiedenen Gemüsen zur Auswahl, die aus der Hand gegessen werden können und schön aussehen, ermuntert viele Kinder zum Essen. Zwang und Druck fördern Eßstörungen aller Art. Wenn Sie nur gesunde Dinge im Haus haben, müssen Sie der Ernährung Ihres Kindes keine besondere Beachtung schenken, denn es ißt das, was es braucht, wird nicht dick und kann Sie nicht mit Essen erpressen.

Herumlungern: Auch wenn es Sie vielleicht stört: Kinder müssen auch das mal tun. Herumlungern ist wichtig wie Langeweile auch. Daraus können gute Ideen und Einfälle entstehen. 12jährige treffen sich oft mit Freunden an Bushaltestellen oder Plätzen, wenn sie keine besseren Aufenthaltsräume finden. Die Clique gehört zum Heranwachsen dazu. Wenn Sie Befürchtungen haben und diese auch begründen können, sollten Sie die Sache genauer beobachten und mit Ihrem Kind darüber reden, ohne gleich alles wieder zu bewerten und schlecht zu machen. Was genau macht Ihnen Angst und wie äußerst sich Ihr Kind dazu? Achten Sie immer wieder darauf, welche Bedürfnisse Ihr Kind hat und ob es vielleicht andere Wege gibt, diese zu erfüllen, als die, die es selbst gewählt hat.

Hygiene: Manche Jungen und auch Mädchen bekommen immer weniger Lust, sich zu waschen und zu pflegen.

Eigene Kosmetikartikel wie Duschgel u.ä. können die Motivation erhöhen. Wer zuviel Druck ausübt, wird genauso mit Folgen rechnen müssen wie derjenige, der überhaupt keine Regeln vorgibt. Eine anerkennde Bemerkung über selbstgewaschene Haare und geschnittene Fingernägel wirken besser als herabwürdigendes Schimpfen oder Bemerkungen. Achten Sie bitte immer auf die Würde des Kindes - wie auf Ihre eigene.

Igelfrisuren oder Irokesen-Schnitte: Sind Ausdruck der Persönlichkeit oder der Wunsch, zu einer Gruppe zu gehören. Ich finde es unwürdig, Kindern die Frisuren vorzuschreiben. Wir können sie allenfalls beraten. Wenn wir Probleme mit der äußeren Erscheinung unseres Kindes haben, steckt dahinter immer eigenes mangelndes Selbstwertgefühl und die Angst, was die anderen wohl denken werden. Überprüfen Sie sich selbst! Wenn Sie zu Ihrem Kind stehen und es in seiner Persönlichkeit unterstützen, werden sich solche Probleme selten ergeben.

Internat: Für Kinder, die abseits von erreichbaren Schulen wohnen oder bestimmte Schwierigkeiten haben, kann ein Internat manchmal eine Lösung darstellen. Internate sind so gut wie der Geist, der darin herrscht, und die Menschen, die darin arbeiten.. Wichtig ist, daß Sie die Entscheidung nicht ohne Ihr Kind treffen. Es könnte sich sonst lebenslang abgeschoben fühlen.

Jeans: Wenn Ihr Kind unbedingt eine Markenjeans will und Sie nicht so viel Geld ausgeben können, soll es sich die ersparen oder zum Geburtstag wünschen. Ich finde wichtig, daß Kinder über ihre Kleidung selbst bestimmen - aber auch die Konsequenzen tragen müssen, wenn sie sich für teure Varianten entscheiden. Ökologisch sinnvolle Kleidung ist auch teuer, dafür aber nicht mit Giftstoffen behandelt und in fairem Handel mit der dritten Welt erworben. Oft wollen Kinder die Umwelt schützen und deshalb bestimmte Kleidungsstücke haben. Ist das so verkehrt?

Jesus: Manche Kinder werden in diesem Alter sehr fromm. Ich hatte mich mit zwölf in unseren Pastor verliebt. Solange niemand Macht und Gewalt über Ihr Kind ausübt, kann Frömmigkeit helfen, das Leben zu meistern. Evangelische Kinder können sich jetzt zum Konfirmandenunterricht anmelden. Ich finde es wichtig, daß Kinder selbst entscheiden, was sie glauben und was nicht. Die Einstellung der Eltern und die Diskussionen über „Gott und die Welt" sind dabei ganz wichtig.

Klauen: Kann in diesem Alter zu einem Sport oder einem netten „Gag" werden. Machen Sie Ihrem Kind eindeutig klar, daß dies nicht so ist und welche Konsequenzen angezeigter Diebstahl hat. Reden Sie ggf. auch mit seinen Freunden darüber. Versuchen Sie auch hierbei, die dahinterliegenden Bedürfnisse herauszufinden: Ist es das Abenteuer oder das Habenwollen? Was sagt Ihr Kind selber dazu? Klare Regeln geben Ihrem Kind Sicherheit. Das kann z.B. heißen, daß es nicht allein in ein Kaufhaus darf oder sich mit Freunden, die weiterklauen, nicht mehr treffen darf.

Kraftausdrücke: Spielen unter Freunden manchmal eine Rolle. Zu Hause müssen Sie sich diese Wörter nicht anhören. Wenn Sie Ihren Kindern erklärt haben, warum Sie welche Wörter nicht mögen, können Sie eine Kasse einrichten, in die jeder eine Mark zahlt, der sie trotzdem benutzt. Von dem Geld gehen Sie dann irgendwann Eisessen.

Krafttiere: Starke Tiere wie Bären, Elefanten oder Löwen können Kindern manchmal in schwierigen Situationen helfen. Wer sich in einer Entspannungsphase ein Krafttier gewählt hat, kann sich von ihm beim Zahnarztbesuch, bei einer Klassenarbeit oder in anderen schwierigen Situationen helfen lassen. Vorgestellte Krafttiere fördern die Phantasie und den guten Umgang mit eigenen Anteilen, denn in jedem schüchternen Jungen steckt auch ein Tiger. Er will nur entdeckt werden.

Leistung: Wird oft viel zu einseitig bewertet. Für ein Kind mit Rechtschreibschwierigkeiten sind zehn Fehler in einem Diktat von 5o Wörtern durchaus eine Leistung. Wieviel jemand leistet, hängt von der eigenen inneren Motivation und seinen Fähigkeiten ab. Auch wenn Kinder unterfordert werden, leisten sie wenig. Anerkennung ist jedoch für fast alle Kinder ein Ansporn zu mehr Leistung. Anerkennung kann von Eltern oder Freunden kommen. Leistungsanforderungen werden heute vor allem von Eltern gestellt. Nicht immer tun sie damit ihrem Kind einen guten Dienst. Es nützt wenig, wenn Ihr Kind Klassenbeste/r ist, aber dabei krank wird. Beobachtung, Anteilnahme und Anerkennung hilft Ihrem Kind, die Leistung zu erbringen, die es zu erbringen bereit ist.

Lust: Es ist immer gut, Dinge mit Lust zu erledigen. Ob es sich nun um Hausaufgaben, Alltagspflichten oder Hobbys handelt. Manchmal müssen Aufgaben allerdings auch ohne Lust erledigt werden - und das gehört zu den

Erfahrungen, die Kinder zwischen neun und zwölf machen müssen. Jedes Kind sollte in diesem Alter kleine Pflichten haben, für die es ganz allein verantwortlich ist und für die es auch Konsequenzen tragen muß. Man kann Kinder allerdings auch darin unterstützen, sich selbst zu motivieren, z.B. indem man bei der Arbeit singt oder pfeift, sich vorstellt, wie schön es ist, wenn die Arbeit erledigt ist, oder wie sehr die Oma strahlt, wenn das Geschenk fertig oder der Brief geschrieben ist. Je öfter ein Kind erfahren hat, wie gut es ist, gebraucht zu werden und eine Arbeit gut ausgeführt zu haben, um so besser wird es auch mit den vielen Unannehmlichkeiten im Leben zurechtkommen.

Mandalas: Mandalas sind Meditationszeichen, aber auch Muster, die einen Kreis oder Punkt als Ausgangspunkt haben. Mandala bedeutet Kreis auf Sanskrit, und Kreise waren immer Symbol der Unendlichkeit und des Göttlichen. Mandalas kommen in der Natur in Form von Schneeflocken, Blüten oder Stengelquerschnitten vor. Menschen aller Kulturen haben aus diesen Vorgaben Muster erfunden, die ihnen helfen sollten, ihren Geist zu beruhigen. Heute gibt es viele Mandala-Malblöcke, die Kinder in der Regel sehr mögen. Das Ausmalen dieser Muster macht Spaß und beruhigt - übrigens Erwachsene genauso wie Kinder. Mandalas kann man aber auch frei erfinden: Man setzt einen Punkt oder Kreis auf das Papier und malt einfach drauflos, indem man z.B. den Kreis mit Kelchblättern umschließt oder mit einem Quadrat umrandet. Außerdem lassen sich Mandalas auf Filzplatten oder Papier legen, z.B. mit Bucheckern, Hagebutten, Reiskörnern u.ä. Mandalas können Kindern und Erwachsenen helfen, sich zu entspannen, Gedanken zu ordnen und Gefühlen Ausdruck zu geben, kurz: die eigene Mitte zu finden.

Neid: Neid ist seit Menschengedenken ein Problem. Die biblischen Geschichten, die sich mit Neid beschäftigen, wie z.B. Jakob und Esau, sind für Kinder hochinteressant und auch aktuell, denn Neid existierte damals wie heute. Wenn Kinder etwas haben wollen, was sie nicht kriegen können, bei anderen aber sehen, sollte man mit ihnen ehrlich und nicht moralisierend darüber reden. Jeder ist mal neidisch. Wie gehen Sie selbst mit Neid um? Erzählen Sie Ihrem Kind das. Wenn es sich um käufliche Dinge handelt, ist die Sache relativ einfach: Durch Warten kann man oft ans Ziel kommen oder bemerken, wie unwichtig das Ding jetzt geworden ist. Komplizierter ist es mit Wünschen, die nicht mit Geld befriedigt werden können, wie dem nach einem Vater, der Zeit hat, einer verständnisvollen Oma oder einem netten Lehrer. Ich versuche Kindern immer zu erklären, daß jeder Nachteil auch ein Vorteil ist, und sei es nur der, daß man lernt, damit zu leben oder sein Schicksal anzunehmen. Hat Ihr Kind vielleicht auch etwas, was andere nicht haben? Oder können Sie ihm zu etwas verhelfen?

Notlügen: Kommen in allen Familien vor und sollten nicht überbewertet werden. Genauso wichtig finde ich aber auch, die Lüge einzugestehen und die dahinterstehende Angst offenzulegen. Dies gilt besonders für Erwachsene, die das Vorbild für ihre Kinder sind. Zu glauben, Kinder würden die Lüge nicht bemerken, ist naiv. Kinder sind viel genauere Beobachter als Erwachsene und sie durchschauen uns besser, als wir glauben. In Familien, in denen man sich Lügen und unangenehme Gefühle eingestehen kann, fühlt man sich wohl

Obst: Kann ein Kind gar nicht genug essen. Eine reichhaltige Auswahl, die immer verfügbar ist, beugt Krankheiten und Ernährungsstörungen vor.

Paartherapie: Ist immer einen Versuch wert, wenn Ihre Beziehung zu scheitern droht. Auch wenn Sie sich trennen, kann Paartherapie oder Mediation helfen, einen Weg zu finden, der Geld und Nerven sparen hilft und vor allem auch ihren Kindern nützt.

Pferde: Sind für viele Mädchen von magischer Anziehung. Pferde sind von alters her Symbolfiguren für Stärke und Kraft, Sexualität und Schönheit, Harmonie und Eleganz. Heranwachsenden kann man eigentlich gar nichts besseres wünschen als die Möglichkeit, sich mit Pferden abgeben zu dürfen. Der Umgang mit so großen Tieren fördert das Selbstvertrauen, das Verantwortungsgefühl und eine gute Beziehung zum eigenen Körper. Auf dem Land ist die Haltung eines Ponys oft nicht teurer als die einer Katze. Man sollte allerdings bedenken, daß Ponys doppelt so lange leben und viel mehr Pflege benötigen. Außerdem brauchen sie andere Pferde zur Gesellschaft. Reitvereine oder Reitschulen gibt es überall, auch in großen Städten. Man sollte sich allerdings genau umschauen, wie dort mit Pferden und Kindern umgegangen wird. Wer sich über artgerechte Pferdehaltung und pferdefreundliche Reitweisen informieren möchte, sollte sich nach entsprechender Fachliteratur umschauen (vgl. hierzu auch mein Buch: „Kuschelbär und Miezekatze. Warum Kinder Tiere brauchen, Köln 1995).

Pommes: Ab und zu ganz schön, aber als Dauernahrung völlig ungeeignet! Genauso wie Coca-Cola und andere zuckerreiche Limonaden oder fast-food. Tun Sie Ihrem Kind das nicht an!

Qual der Wahl: Entscheidungen fallen uns nicht leicht und unseren Kindern oft auch nicht. Zwischen neun und zwölf sollten Kinder oft entscheiden dürfen und dann aber auch die Konsequenzen für ihre Entscheidungen tragen lernen. Das sind wichtige Lernprozesse. Helfen kann man seinem Kind bei sehr schwierigen Entscheidungen, indem man es auffordert, sich für jede Wahlmöglichkeit einen Stuhl hinzustellen und jeden Stuhl mit einer Möglichkeit zu belegen. Es setzt sich dann auf den ersten Stuhl, malt sich die Konsequenzen aus dieser Wahl geistig aus, so detailliert wie nur möglich, und beobachtet dabei seine Gefühle genau. So geht es von Stuhl zu Stuhl, bis es herausgefunden hat, auf welchem Stuhl es am besten sitzt. Diese Methode ist übrigens auch für Erwachsene gut.

Rechthaben wollen: Wenn Kinder bemerken, daß sie Fähigkeiten haben und Argumente, wollen sie diese natürlich auch anwenden. Manchmal verharren sie jedoch auch auf einem Standpunkt, der offensichtlich falsch ist oder Ihnen als falsch erscheint. Erklären Sie Ihrem Kind, daß es immer unterschiedliche Sichtweisen gibt. Wenn man eine rote Brille aufhat, sieht blau wie lila aus. Manchmal lohnt sich das Argumentieren aber auch nicht. Dann muß z.B. eine Grenze gesetzt werden, indem Sie ein klares Verbot aussprechen oder etwas anordnen. Manchmal ist es auch sinnvoll zu sagen: Darüber möchte ich jetzt nicht länger streiten. Lassen wir es so stehen. Das Leben wird dann zeigen, wer recht hatte. Oft habe ich jedoch auch erlebt, daß meine Kinder im Recht waren. Sie bekamen keineswegs die befürchtete Erkältung, als sie ohne Jacke rausgingen, ihre Freunde waren überhaupt nicht geschockt von ihrem unaufgeräumten Zimmer und sie schrieben trotz mangelnder Übung ein gutes Diktat. Ich finde es immer gut, wenn ich von meinen Kindern lerne. Auf diese Weise werde ich klüger.

Reiten: Siehe Pferde. Therapeutisches Reiten oder Voltigieren tut Kindern mit mangelndem Selbstvertrauen oder anderen Problemen oft sehr gut.

Schuld: Hören Sie auf, sich gegenseitig die Schuld zu geben. Menschen tun immer ihr Bestes. Wenn Sie Schuldzuweisungen unterlassen und die Verantwortung für Ihr Leben übernehmen, kommen Sie viel weiter. Und wenn Sie das selber erfahren haben, werden auch Ihre Kinder davon profitieren.

Schutzengel: Ich glaube daran und erzähle auch meinen Kindern davon. Für mich ist es ein wirksamer Schutz vor Angst, der mir auch selber hilft, meine Kinder in selbstgewählte, gefährliche Situationen zu entlassen. Meine Yogalehrerin gebraucht immer einen sehr einfachen Satz, der mir gut gefällt: „Ich bitte um Schutz und Führung." Hieraus entsteht für mich auch Selbstvertrauen. Wir alle haben in uns die Möglichkeiten, um Schutz zu bitten und unserer eigenen inneren Führung zu vertrauen.

Schutzschild: Kinder, die leicht verletzbar sind, wie auch Erwachsene können sich vor verbalen Angriffen und Bemerkungen mit der folgenden Übung schützen: „Erinnere dich an eine Situation, in der du alles sehr gut gemacht hast und mit dir sehr zufrieden warst. Wie war dein Gesichtsausdruck, wie fühlte sich das in deinem Körper an und wie war deine Haltung? Wenn du das Bild von dieser guten Situation deutlich vor dir siehst, stell dir vor, daß du um dich herum einen unsichtbaren Schutzschild errichtest. Vielleicht eine Art Panzerglas, ein helles Licht, das jedoch unsichtbar ist, oder eine Mauer oder Hecke, vielleicht auch einen besonderen Mantel. Dies ist dein persönlicher Schutzschild. Du kannst ihn immer in Sekundenschnelle anlegen, wenn andere dich ärgern oder verletzen wollen. Durch deinen unsichtbaren Schild dringt nichts hindurch." Wenn der Schutzschild gewählt wurde und in der Phantasie deutlich sichtbar oder fühlbar war, sollte seine Funktion zuerst auch im Geiste erprobt werden. Also: „Stell dir vor, wie du deinen Schutzschild anlegst. XY kommt auf dich zu und will dir etwas Dummes sagen. Aber seine Worte prallen an dir ab wie Wasser an Ölzeug...". Bevor man den Schutzschild in der Realität erprobt, sollte man einige Übungen in der Vorstellung damit durchgeführt und Verbesserungen eingebracht haben.

Strafen: Bringen damals wie heute nicht die gewünschte Veränderung. Wenn Kinder die Konsequenzen aus ihrem Verhalten spüren, ist das viel Wirkungsvoller. Durch

Stubenarrest oder Fernsehverbot lernt man nicht, besser auf seine Sachen aufzupassen. Wenn man sie aber vom Taschengeld ersetzen muß schon.

Tanzen: Wenn Kinder gern tanzen, tun sie sich damit gut. Dabei spielt es keine Rolle, ob es sich um Disco-Tänze, Folklore, Klassische Tänze oder selbst erdachte Choreographien handelt. Tanzen verbindet Körper und Seele und ist jedermann zu empfehlen. Für Jugendliche hat der Tanz eine besonders befreiende Wirkung: Man kann sich alles Bedrückende von der Seele tanzen. Leider gibt es zu den üblichen Discos so wenig Alternativen. Ich empfinde hier eine echte Lücke im Kulturangebot.

Täter: Sind immer auch Opfer, zumindest gewesene Opfer, wenn es sich um Kinder handelt. Kindliche Täter brauchen unsere Hilfe durch Zeit für Gespräche und Therapie.

Termine: Manche Kinder haben heute zu viele Termine und zu wenig Zeit, zu sich selbst zu finden. Vielen macht es aber auch Spaß, so ausgebucht zu sein. Wenn Kinder häufig Kopf- oder Magenschmerzen haben, sollte u.a. auch der Terminkalender überprüft werden.

Theater: Theaterspielen oder Theaterbesuche sind für Neun- bis Zwölfjährige anregend. Wenn an Schulen Theaterstücke eingeübt werden, kann man sich freuen. Hierdurch haben Kinder Gelegenheit, ihre Talente zu zeigen oder einfach auf der Bühne zu stehen und die Aufregung auszuhalten. Auf diese Weise wird das Selbstbewußtsein gestärkt und Lampenfieber überwunden. Es sollte viel mehr Kindertheater geben und Möglichkeiten für Kinder, als Schauspieler aufzutreten. Eine Truhe mit Requisiten und Sachen zum Verkleiden ist für die meisten Kinder ein schönes Geschenk.

Tod: Ein Thema, mit dem sich fast alle Kinder in diesem Alter intensiv beschäftigen. Wie ist Ihre eigene Einstellung zum Tod? Sie sollten Sie überdenken, bevor Ihr Kind Sie fragt. Ihr Kind möchte ehrliche Antworten und sich an Ihren Werten messen. Wenn Verwandte oder Freunde sterben, sollten Kinder durchaus an Beerdigungen teilnehmen, wenn sie das wollen. Am wenigsten wird man dem Tod gerecht, wenn man ihm auszuweichen versucht. Wir müssen alle sterben und wir können es leichter, wenn wir uns vorher damit beschäftigen (vgl. dazu besonders: Michael und Monika Höhn, Leben und Sterben. Mit jungen Menschen sprechen, Köln 1996).

Urlaub: In diesem Alter sollten Kinder bei der Ferienplanung mitbestimmen dürfen. Vielleicht wollen sie sogar schon allein verreisen, z.B. auf einen Ponyhof oder mit einer Freundin und deren Familie. Besprechen Sie die anstehenden Fragen und verfahren Sie bei Konflikten wie im Kapitel „Konflikte lösen - aber wie?" beschrieben.

Verbale Beurteilungen: Halte ich für eine gute Alternative zu den herkömmlichen Zensurenzeugnissen. Leider sehen das viele Eltern und LehrerInnen anders. Eine gute verbale Beurteilung, die genau beschreibt, was das Kind kann und was es noch üben muß, sagt meiner Meinung nach viel mehr aus als eine Zensur. In Dänemark gibt es seit 1976 keine Noten mehr in den Klassen 1-7, und niemand wünscht sie sich zurück. Zwanzig Jahre Erfahrung haben ergeben: Das Arbeitsklima verbessert sich durch weniger Konkurrenz und Druck, das Verhältnis zwischen Lehrern und Eltern ist unbelasteter genauso wie das Verhältnis zwischen Schülern und Lehrern, schwächere Schüler haben weniger Versagenserlebnisse und arbeiten deshalb besser mit, Fähigkeiten werden entwickelt und nicht nur Wissen (das schnell veraltet) erworben.

Widerstand: Mit zunehmendem Alter erproben Kinder die Abgrenzung von ihren Eltern. Das ist ein lebensnotwendiger Schritt, denn es gehört zu den Aufgaben des Heranwachsens, sich von den Eltern zu lösen. Widerstand gegen elterliche Regeln, Gebote und Ansichten ist deshalb normal und notwendig. Kinder und Eltern können dabei lernen. Widerstand wird vermieden, wenn man nicht zu viele Vorschriften und Regeln hat und diese außerdem zuvor mit allen Beteiligten abgestimmt werden. Bestehende Regeln müssen immer wieder auf ihre Gültigkeit und Angemessenheit überprüft werden. Wenn Kinder Widerstand leisten, kann es sein, daß eine Überprüfung ansteht.

Zeugnis: Es gibt immer noch Kinder, die sich wegen eines schlechten Zeugnisses umbringen. Wenn Eltern den Wert ihres Kindes von seinen Schulleistungen abhängig machen, programmieren sie damit nicht nur Konflikte, sondern Unglück. Kinder werden nicht geboren, um gute Zensuren zu erhalten, sondern um ihren Platz und ihre Aufgaben in dieser Welt zu finden. Eltern sollten ihnen dabei helfen, indem sie sie unterstützen und zu ihnen halten, auch bei einem saumäßigen Zeugnis.

Geschenke für
Neun- bis Zwölfjährige

Mikroskop: Eine teure Angelegenheit. Eröffnet aber völlig neue Perspektiven und ist für die ganze Familie interessant

Haustier: Die meisten Kinder hätten gern ein eigenes Tier. Jetzt sind sie in dem Alter, wo sie es verantwortlich selbst versorgen können.

Literaturtip:

Gisela Preuschoff, Kuschelbär und Miezekatze. Warum Kinder Tiere brauchen. PapyRossa Verlag, Köln

---

Tagebuch: Des Schreibens kundig, können Kinder jetzt Tagebücher führen, die ihnen helfen, Konflikte zu verarbeiten und das eigene Leben zu dokumentieren.

Drachen: Drachenfliegenlassen kann zur großen Leidenschaft werden. Für Väter und Söhne. Und Töchter. Und dabei können sie sogar nähen lernen!

Musikinstrument: Jetzt ist eine günstige Zeit, ein Instrument zu lernen. Bevor das Kind ein teures Instrument geschenkt bekommt, sollte man sich erst einmal eins ausleihen.

Buntstiftkasten: Wirklich gute Buntstifte sind teuer, aber ein schönes Geschenk für Kinder, die gern malen. Genauso geeignet sind gute Tuschkästen und Aquarellfarben, nebst Pinseln und Blöcken.

Spiele: Kaufen Sie nur wenige wirklich gute und langlebige Spiele. Schenken Sie Ihrem Kind aber Zubehör zum Selbermachen von Spielen wie Pappe, Stifte, Holzfiguren, Würfel, Karten etc.

> Spiele, die sich in unserer Familie bewährt haben, haben wir zusammengefaßt in dem Buch:
> *Gisela Preuschoff, Komm, wir spielen was zusammen. 100 Spiele - Tips und Tests für Leute von 0 bis 99, Papy-Rossa Verlag, Köln.*
> Darin finden Sie sowohl Spiele, die man kaufen, als auch solche, die man selber machen kann.

Rollschuhe, Schlittschuhe u.ä.: Jetzt ist die Zeit der Fortbewegung. Alle neumodischen Erfindungen sind hierbei begehrt und nützlich. Es tut Kindern gut, sich auf Rollbrettern, Fahrrädern, Seifenkisten, Insideskatern oder sonstigen rollenden Untergestellen bewegen zu lernen.

Schnorchel und Taucherbrille: Besonders wenn Sie im Urlaub ans Mittelmeer fahren ein unbedingtes Muß. Aber selbst in der Badewanne macht das Schnorcheln Spaß.

Aus: Gisela Preuschoff, Komm, wir spielen was zusammen.

Zeitschriftenabo: Wenn sich Interessen bilden, können Zeitschriften weiterhelfen, in einem Bereich auf dem neusten Erkenntnisstand zu sein. Neun- bis Zwölfjährige fangen an, Zeitschriften zu lesen (vgl. auch Literaturhinweise).

Taschenmesser: Jungen wünschen sich das meist, und ich finde, sie sollen es auch bekommen (und selbstverständlich auch Mädchen, wenn sie es wollen). Genauso wie Schnitzmesser und Holz zum Bearbeiten.

Taschenlampe: Ein recht preiswertes und doch immer wieder sehr beliebtes Geschenk.

Briefpapier: Ich finde Briefeschreiben schön und lege Wert darauf, daß meine Kinder sich auch schriftlich bedanken, wenn sie etwas per Post geschenkt bekamen. Eigenes Briefpapier motiviert zum Schreiben.

Zaubertricks: Es gibt sie ganz billig und sehr teuer - aber Zaubern ist einfach zauberhaft, und ich finde, man sollte Kinder, die Lust dazu haben, unbedingt darin unterstützen. Ganz toll: Wenn Väter und Söhne gemeinsam zaubern. Viele Zaubertricks lassen sich auch mit einfachen Mitteln selber herstellen.

Werkzeug: Gutes Werkzeug gehört in Kinderhände. Es wird vor allem dann sinnvoll genutzt, wenn jemand da ist, der es vormacht.

Stricknadeln und Wolle; „Strickliesl": Zugegeben, es braucht Geduld und ist nicht modern - trotzdem ist es toll, wenn Kinder stricken können. Oder häkeln. Und eines Tages eine selbstgestrickte Weste tragen.

Ton oder Töpferkurs: Ton ist ein wunderbares Material und macht allen Kindern Spaß. Wenn es keinen Töpferkurs in Ihrer Nähe gibt, können Sie auch am Küchentisch töpfern und die gut getrockneten Sachen später in einer Töpferei zum Brennen abgeben. Auch ungebrannte Schalen, Figuren o.ä. machen Freude. Es muß nicht immer alles perfekt sein.

Bücher für Neun- bis Zwölfjährige

Es handelt sich hierbei um eine subjektive Auswahl. Weggelassen habe ich auch Klassiker wie Karl May, griechische, deutsche und römische Sagen, Robinson Crusoe und die Schatzinsel, die natürlich allesamt unbedingt auch in dieses Lesealter gehören.
Oft haben diese Autoren mehrere Bücher geschrieben, die ich nicht alle aufgelistet habe, obwohl ich sie auch empfehlen kann.

Agthe, Arend/ Seck-Agthe, Monika: Flußfahrt mit Huhn
Rotfuchs /rororo ab 1o

Boie, Kirsten: Das Ausgleichskind
dtv ab 11
Dahl, Roald: Hexen hexen
Rotfuchs/ rororo ab 10

Dragt, Tonke: Der Brief für den König und Der wilde Wald
Beltz Verlag ab 11

Ende, Michael: Jim Knopf und Lukas der Lokomotivführer
Thienemann Verlag ab 9

Goodall, Jane: Mein Leben mit den Schimpansen
Rotfuchs rororo ab 9

Hazelhoff, Veronica: Mensch Mama! Tochter-Geschichten
Rotfuchs, rororo ab 1o

Held, Karl: Die rote Zora und ihre Bande
Sauerländer ab 11

Kohlhagen, Norgard/ Boldt, Renate: Herzflattern oder Ist das nun die Liebe?
Stories ab 11 Rotfuchs

Korschunow, Irina: Wenn ein Unugunu kommt
Rotfuchs/ rororo ab 1o

Lindgren, Astrid: Ronja Räubertochter; Die Brüder Löwenherz
Oetinger Verlag ab 1o

Maar, Anne: Das Geheimzimmer
dtv ab 1o

Mechtel, Angelika: Kitty Brombeere
Rotfuchs/ rororo ab 1o

Nöstlinger, Christine: Echt Susi
dtv ab 1o

Preußler, Otfried: Krabat
Thienemann Verlag ab 12

Röhrig, Tilman: Robin Hood Solang es Unrecht gibt
Dressler Verlag ab 11

Schröder, Rainer: Die wundersame Reise des Jonathan Blum
Arena Verlag ab 12

Sutcliff, Rosemary: Merlin und Artus und Galahad und Lancelot und Ginevra
Verlag Freies Geistesleben ab 12

Tolkien, J.R.R.: Der kleine Hobbit
dtv ab 10

Zitelmann, Arnulf: Jenseits von Aran
Beltz Verlag ab 12

Adressen

Aktion Ameise
Bundesbüro
Königsträßle 74
70597 Stuttgart
Tel.: 0711/613454

Bund der Pfadfinderinnen und Pfadfinder
Bundesleitung
Postfach 1161
35419 Lich
Tel.: 06404/61038

BUNDjugend
Jugend im Bund für Natur- und Umweltschutz
Friedrich-Breuer-Str. 86
53225 Bonn
Tel.: 0228/467005

Deutsche Tierschutzjugend
Finkestr. 1
44623 Herne
Tel.: 02323/51616

Deutsche Waldjugend
Bundesgeschäftsstelle, Jörg Franz
Auf dem Hohenstein 3
58675 Hemer
Tel.: 02372/6902

GREENTEAM
Greenpeace Kinder- und Jugendprojekt
Vorsetzen 53
20459 Hamburg
Tel.: 040/311860
oder:
Chausseestr. 131
10115 Berlin
Tel.: 030/2385737

Naturfreundejugend Deutschlands
Bundesgeschäftsstelle
Haus Humboldtstein
53424 Remagen-Rolandseck
Tel.: 02228/8041

SJD - Die Falken
Bundesgeschäftsstelle
Kaiserstr. 27
53113 Bonn
Tel.: 0228/221055

WWF-Deutschland
Hedderichstr. 110
60596 Frankfurt/M.
Tel.: 069/605003-0

Literaturhinweise

Baacke, Dieter: Die 6-12 Jährigen - Einführung in die Probleme des Kindesalters, Weinheim 1995

Hacke, Axel: Der kleine Erziehungsberater, München 1992

Michael Höhn: Immer Ärger mit den Kids? Ratgeber Jugendkulturen, Köln 1995

Michael und Monika Höhn: Leben und Sterben. Mit jungen Menschen sprechen, Köln 1996

Hurrelmann, Klaus: Die alten Kinder, in: Psychologie heute, Oktober 1994, S. 72 f

Krekeler, Hermann: Chaos im Kinderzimmer, München 1996

Minker, Margaret: Der Mondring, Feste und Geschenke zur ersten Menstruation, München 1996

Molnar, Axel/ Lindquist, Barbara: Verhaltensprobleme in der Schule - Lösungsstrategien für die Praxis, Düsseldorf 1990

Neutzling, Rainer/Schnack, Dieter: Kleine Helden in Not. Jungen auf der Suche nach Männlichkeit, Reinbek bei Hamburg 1990

Preuschoff, Gisela: Große und kleine Ängste bei Kindern Wie Eltern helfen können, München 1996

Gisela Preuschoff: Komm wir spielen was zusammen. 100 Spiele - Tips und Tests für Leute von 0 bis 99, Köln 1996

Gisela Preuschoff: Kuschelbär und Miezekatze. Warum Kinder Tiere brauchen, Köln 1995

Richter, Horst, Eberhard: Umgang mit Angst, Hamburg 1992
Satir, Virginia u.a.: Das Satir Modell - Familientherapie und ihre Erweiterung, Paderborn 1995

Struck, Peter: Die Kunst der Erziehung - Ein Plädoyer für ein zeitgemäßes Zusammenleben mit Kindern und Jugendlichen, Darmstadt 1996

Kinderzeitschriften:

Samsolidam, hrgs. von der Aktionsgemeinschaft Solidarische Welt (ASW), Berlin

Treff, Velber Verlag, Seelze

Die bewährten Erziehungs-Ratgeber

Gisela Preuschoff
Von 0 bis 3
Alltag mit Kleinkindern
PapyRossa

257 S., DM 19,80
3-89438-021-7

Gisela Preuschoff
Von 3 bis 6
Alltag mit Vorschulkindern
PapyRossa

178 S., DM 19,80
3-89438-022-5

Gisela Preuschoff
Von 6 bis 9
Alltag mit Schulkindern
PapyRossa

173 S., DM 19,80
3-89438-023-3

Gisela Preuschoff
Von 12 bis 16
Abenteuer Pubertät
PapyRossa

140 S., DM 19,80
3-89438-066-7

**Das sind noch lange nicht alle.
Gesamtverzeichnis anfordern!**

PapyRossa Verlag
Petersbergstr. 4, 50939 Köln

Schule und Familie

"Was tun, wenn Schüler von geheimen okkulten Sitzungen erzählen? Wie reagieren, wenn Jugendliche Pentagramme und das Satanszeichen '666' auf Schulbänke kritzeln und mit der Teilnahme an schwarzen Messen protzen? Argumentationen helfen hier genauso wenig wie Überzeugungsversuche, meint Michael Höhn. Als Berufsschulpfarrer kennt er den Erfahrungshorizont der Jugendlichen. Okkultismus gehöre zu ihrem 'allgemeinen Bildungsgut', nicht jedoch unbedingt zu dem der Lehrer. Eindringlich plädiert Höhn dafür, die okkulten Erfahrungen Jugendlicher ernst zunehmen, statt sie oberlehrerhaft wegdiskutieren zu wollen."
DAS SONNTAGSBLATT

Michael Höhn
Sympathie für den Teufel
Kritischer Ratgeber Okkultismus
2., erweiterte Auflage
Br., 180 Seiten
ISBN 3-89438-054-3